池上彰の経済学入門

池上 彰 Ikegami Akira

★——ちくまプリマー新書
481

目次＊Contents

イラスト＝藤井龍二

はじめに

あなたは朝起きてから、まずは何をしますか？　歯磨きをして顔を洗いますよね。それから朝食でしょうか。

歯磨きや洗顔料は、どこかの店で買いましたよね。朝食の材料も、あらかじめ買ってあったはずです。

買い物はどこでしましたか？　全部インターネットで買っているという人もいるかもしれません。あなたがどこで何を買うか、無意識のうちに判断しているはずです。これらは実はすべて経済活動なのです。あなたは朝起きてから夜寝るまで、経済活動とは切り離せない生活をしているのです。

経済とか経済学とか聞くと、なんだか難しいことのように思えるかもしれませんが、すべては私たちの生活に関わるのです。

あなたが買い物をするときには、当然のことながら値段を気にしますよね。その値段は、どうやって決まるのでしょうか。「需要と供給」という言葉を聞いたことがあるかもしれません。「需要」とは「欲しい」「必要だ」という意味で、「供給」とは「提供します」「渡します」という意味。つまり「買いたい」という人が「需要」の立場、「売りたい」という人が「供給」の立場です。

ある商品が欲しいという人が多ければ、その商品を持っている人は強い立場になりますね。「売ってあげるよ」と、まるで上から目線のような態度になるかもしれません。

一方、欲しい人が少ないと、売るための商品をたくさん抱えている人は焦ります。「どうぞ買ってください」とへりくだった態度に出るでしょう。すると、今度は買う側が、「買ってやってもいいぞ」と上から目線になります。

私たちの社会では、あらゆる商品やサービスが、こうして売買されています。えっ、サービスが売買されるって、どういうこと？　と思いますか。これは、具体的な物の形になっていないけれど値段がついて売買されるものをいいます。たとえばマッサージ代や美容院のカット代などですね。こうした料金も需要と供給の力関係で決まっていきます。

このように商品やサービスが売買される社会は「市場経済」と呼ばれます。「市場」とは、「いちば」と発音するのではなく、「しじょう」と読みます。

「いちば」は、魚市場や青果市場のように、商品を売りたい人と買いたい人が集まってセリを行い、値段がついていく、その具体的な場所を指します。

これに対して「しじょう」とは、世の中の商品の値段やサービスが、売りたい人と買いたい人の数によって決まる仕組みのことをいいます。具体的な場所があるわけではなく、バーチャルなイメージです。

商品を売りたい人は、少しでも高く売れるように、商品の品質を良くしようとします。魚だったら、獲《と》れたての新鮮なうちに売ろうとします。野菜なら、新鮮で、形のいいものを売りたいと考えます。

一方、買う側は、少しでも安く買いたいですから、いいものを安く売る人を見つけようとします。売る側も、買う側も、激しく競争するのですね。

その結果、私たちは、新鮮な魚や形のいい野菜を、それほど高くない値段で食べることができるようになっています。

こうして、私たちの社会では、「競争によっていいものが生まれる」という考え方が定着しました。これについては、本文でさらに詳しく説明します。

「市場の失敗」もある

ところが、「市場経済」はいいことばかりではありません。かえって悪い結果になることもあるのです。これを「市場の失敗」と呼びます。

会社同士が激しく競争することで、消費者にとっていい商品やサービスが提供されるようになれば、「市場経済」はとてもいいことです。

しかし、激しい競争の結果、大企業が勝ち、それ以外の会社がつぶれてしまったら、その会社で働いていた人たちの仕事がなくなります。

また、競争相手が姿を消せば、生き残った大企業は、商品やサービスの価格を値上げするかもしれません。そうなったら、かえって消費者に不利になってしまう可能性があります。これが「市場の失敗」です。

これを防ぐには、どうしたらいいでしょうか。そこで考えられたのが、「独占禁止法」という法律です。

競争で勝ち残った会社が勝手なことをしないように取り締まるものです。会社同士が健全な競争をすることは大事だけれど、その結果、かえって不公正なことになる危険性があるので、それを防ぐという狙いがあります。

経済学は「資源の最適配分」を考える学問

こうした可能性を考え、社会のみんなにとって一番いい経済の仕組みを考える。これが「経済学」なのです。

経済学と聞くと、なんだか「金もうけ」の学問のような気がするかもしれませんが、そうではないのです。確かに経済学を勉強し、その知識を生かしてお金持ちになった人もいます。しかし、それが主な目的ではないのです。

世の中に「経済学者」と呼ばれる人は大勢いますが、みんながお金持ちというわけではありません。私は毎年、ある大学の経済学部に呼ばれて、新入生に経済学について話をしています。このとき「経済学の専門家だって、みんながお金持ちというわけではないんだよ」と言うと、学生たちの後ろで私の話を聞いていた先生たちが苦笑いします。暗に「その通りだよ」と認めているのです。

経済学とは、実は、「資源の最適配分」を考える学問なのです。この場合の「資源」とは、食料や燃料がもちろん含まれますが、それだけではありません。人材つまり人間の労働力も含まれます。地球上の資源は限られています。限られた資源を、最適に配分することを考える学問です。

一方に大量の食料が余り、もう片方では食料不足で苦しむ人がいる。これが現実の世界です。もしあふれている食料を、足りない人たちにうまく配分することができたら、世界はずっと平和になることでしょう。

世界には、若くて体力があり、「働きたい」と思っているのに、仕事がなく、失業している人たちが多くいます。働けるのに働けないということは、社会の中で、自分が意味のない存在に思えてしまいます。「自分は世の中のために役立っていない」という思いは、その人の人間としての誇りを失わせるものです。

その結果、犯罪に走ったり、テロを実行したりするようになりかねないのです。

一方で、人手不足で困っている社会もあります。こんなアンバランスを解消できたら、この世の中は、もっと住みやすくなることでしょう。

これが「資源の最適配分」を考えるということなのです。経済学の研究を志した先生たちは、「世の中を少しでも良くするにはどうしたらいいか」と理想に燃えて学問の道に入ったのです。

イギリスの有名な経済学者アルフレッド・マーシャルは、「クールヘッドとウォームハート」（冷静な頭脳と温かい心）という言葉を残しました。世の中の仕組みを分析するには「冷静な頭脳」が必要だけれど、世の中の人々のためになるにはどうしたらいいかという「温かい心」を忘れてはいけない、と言ったのですね。

でも、これは経済学に限ったことではありませんね。社会のさまざまな問題を解明して解決しようとする人たちに共通する重要な姿勢です。

さあ、まずは経済学の初歩から考えていきましょう。

第1章　ものの値段はどう決まる?

コーヒー1杯2000円超える!

東京都内の一等地に立つ高級ホテル。ホテルのラウンジやカフェでコーヒーを注文すると、1杯が2000円はします。ハンバーガーが5000円を超えるホテルもあります。どうして、そんなに高い値段なのでしょうか。コンビニなら100円ちょっとで結構おいしいコーヒーが飲めるのに。ハンバーガーチェーンのハンバーガーなら、はるかに安いのに。

都心の一等地は土地代が高いので、コーヒーの代金も高くなるのでしょうか。そう思っている人が多いのではないでしょうか。

実はそうではないのですね。「高級ホテルのコーヒー」なら高い値段でも飲むお客さんがいるからなのです。

高級ホテルは、まさに「高級」が売り物です。そこに泊まる人は、「自分は高級なホテルに泊まっている」という満足感を抱いています。その高級感を持続させるためには、ホテルから外へ出て、チェーン店の安い立ち飲みコーヒーを飲むわけにはいきません。コーヒーチェーン店の方がおいしい場合もあるのですが、静かで高級感あふれる場所で、ゆっくりカップに口をつける瞬間が、贅沢《ぜいたく》なのです。

高級ホテルで待ち合わせの約束をする人も同じですね。ランクが上のデートという感じがしますし、商談も、大事な取引という印象を与えます。

高級ホテルのコーヒーは、まさに「高級」であるがゆえに値段が高いのです。

都心の一等地の地価が高いことが理由でコーヒー代金が高いのだとすれば、周辺のコーヒーチェーン店のコーヒー代も高いはずです。でも、そんなことはありませんね。それは、そのチェーンのコーヒーの値段はどこでも同じと決まっているからです。お客は、それを予期して来店します。だから、地価が高くても、値段を高くできないのです。

¥ 「需要と供給」で値段は決まる

高くてもお金を出す人がいるから、コーヒーの値段が高くなる。このような値段の決まり方を、「需要と供給で値段が決まる」と表現します。「はじめに」で説明しましたね。人気の（需要が多い）商品は高くても買う人がいます。あまり人気がない（需要が少なく供給が多い）と、安くしないと売れません。この当たり前のことを、経済学では、「価格は需要と供給で決まる」と表現するのです。

コーヒーの代金が急に値上がりすることもあります。たとえば、コーヒー豆の産地の天候不順で豆の出来が悪かったとき。豆の供給量が減ってしまうのに、需要は変わりませんから、コーヒー豆の値段が上がり、私たちにも影響がでるのです。

「需要と供給」といえば、あなたには「推し」のアイドルがいますか？　もし大好きなアイドルがいれば、その人のグッズなら少し高くても買うでしょう。人気の品ならメルカリやヤフオクでも高く取引されますね。あなたが、この売買に参加していたら、あなたは経済活動に参加したのです。

近所のスーパーの例を考えてみましょう。スーパーの生鮮食料品売場では、閉店間際になると、売れ残った商品が値引きされることがあるはずです。

生鮮食料品は長持ちしませんから、売れ残ったら処分するしかありません。それくらいなら、安くても売ってしまおうと店の人が考えるのです。それを見越して、閉店間際に買い物に行く人もいますね。

¥ 人間が値段を決めるのはむずかしい

でも、この値引きは、店の人から見れば、「はじめに値段をつけ間違えた」ということです。開店のときにつけた値段では買ってくれないお客さんがいたので売れ残ったのですから。

売れ残った商品を値引きするくらいだったら、最初からもっと安い値段をつけておけば、全部売れたかもしれないのです。

しかし、その場合、「安い値段」とは、いくらならよかったのでしょうか。たとえば、キャベツを100個仕入れて売ることを考えてみましょう。

Aという店は、1個350円で売り出しました。一方、Bという店は、「350円では売れ残りが出る」と考え、1個300円で売り出しました。

その結果、1個350円の店は、閉店間際までに80個売れたとしましょう。残り20個を300円で売り、全部売れました。さて、いくらの売上げになったのか。

350円が80個で2万8000円。300円が20個で6000円。計3万4000円でした。

Bという店は、最初から300円にしたので、100個が全部売れました。売上げは、3万円でした。

さて、どちらの店がより利益を上げたかというと……そうです、意外にも、最初は高く、最後に値下げした店の方が、売上げの総額が多くなりましたね。

「売れ残って値下げするくらいなら、最初から安く売ろう」という戦略は、決して間違いではありませんが、途中で値下げした方が有利な場合もあるのです。

値段のつけ方は、とてもむずかしいですね。

かつて牛丼チェーンが、大幅値下げに踏み切ったところ、お客が殺到。店が大混乱になってしまったことがあります。

あるいは、ファストフードの店が期間限定でハンバーガーを値下げしたところ、期間中はお客が詰めかけ、大成功。ところが、値下げ期間が終了した途端にお客が激減。そこで、値下げ価格を継続しましたが、お客はあまり増えませんでした。「期間限定」だからお客が大勢来たのであって、「いつでも安い」となると、焦って来店することもない、と思ったお客が多かったのですね。

値下げをすると売れるようになるとは限りません。

なかなか売れなかった化粧品の値段を高くしたところ、急に売れ出したという例もあります。これは、高級ホテルのコーヒーと同じ原理ですね。値段が高くなったので、「高級化粧品」として人気を集めたのです。

￥ 円とドルの関係も需要と供給

日々の経済ニュースに登場する「1ドル○○円」という外国為替相場《がいこくかわせそうば》も、需要と供給の関係で金額が決まります。

ちなみに、「外国為替」とは、外国のお金と交換することです。「為替」とは、「替えるを為《な》す」という意味で、両替することです。たとえば、あなたがアメリカに行くことになり、銀行で円をドルに両替したとしましょう。すると銀行は、あなたから受け取った円をドルに替えようとします。こうした取引のことを「外国為替市場」と呼びます。市場は「しじょう」です。「いちば」ではありません。

どこかの場所に、円やドル、ユーロを売り買いする人たちが集まって取引しているわけではありません。みんなコンピューターで取引しています（一部は電話での取引も）。

あなたが円をドルに両替することを考えてみましょう。あなたは、「両替」したと思うはずですが、実は、「円を売ってドルを買った」ことになるのです。

アメリカ旅行で残ったドルを円に戻そうとすると、それは「ドルを売って円を買った」ことになります。

日本製商品が売れたから円高になった

戦後、特に1950年代から1970年代頃の日本は、自動車に代表されるような質のいい商品をたくさん製造して海外に輸出してきました。アメリカ人が日本の自動車を買うと、ドルで支払いますね。日本の自動車会社は大量のドルを受け取ることになります。

しかし、自動車部品の会社への支払いや、社員の給料の支払いは円で行います。そこで自動車会社は、ドルを円に替えなければなりません。これが「円買いドル売り」です。円の需要が高まり、ドルの需要が下がったのですから、円の価値が上がります。これが「円高」です。

戦後の日本が、多くの商品を輸出したことで、円の需要が高まり、円高になったのです。ここにも「需要と供給」の関係があるのですね。

日米の金利差で円安になった

一方、このところは「円安」です。以前は1ドルが100円だったこともあるのですが、2023年から2024年にかけては1ドルが150円になりました。1ドルが100円のときは、たとえば1ドルのチョコレートを買うのに100円ですみましたが、1ドル150円になると、150円も出さないと1ドルのチョコレートが買えません。

これは、それだけ円の値打ちが下がったので、「円安」といいます。

円高や円安は、アメリカのドルとの比較なのです。では、いくらなら円高でいくらなら円安なのか。実は、決まった金額はないのです。前の日に比べて価値が下がったら円安といい、前の日に比べて価値が上がったら円高と表現します。あくまで相対的なものなのですね。

では、どうして円安になったのでしょうか。日本は１９９０年代以降、不景気が続いてきました。景気を良くするためには、企業活動をする会社に、元気に活躍してもらわなければなりません。そこで銀行は、お金を貸し出す際の利子を減らしたのです。利子の率のことを「金利」といいます。金利については、後で改めて説明します。

金利が下がれば、お金を借りた会社は、返さなければならないお金が減ります。「それなら得だから、お金を借りて新しい仕事を始めよう！」と会社が考えてくれれば景気が良くなるだろうと考えられ、低い金利が続いていたのです。

これは、「お金を借りたい」という需要が減ったので、「お金を貸したい」という供給の値段が下がったという見方もできます。

一方、アメリカは好景気が続いてきました。いろんな会社が発展するためのお金が必

ドル高
借りて
会社
銀行
米ドルに
替えよう
金利
金利
利子は
高いよ
貸して
円安
会社
CO.
銀行
BANK

要になり、銀行に対して「お金を貸してくれ」という会社が増えたのです。これを経済用語では「資金需要が高まる」と表現します。つまり、お金に対する需要が増えたのです。

そうなれば、お金を貸す銀行は上から目線となり、「貸してあげてもいいけど、利子を多くもらうよ」と、金利を引き上げてきたのです。

その結果、日本の金利は低いままなのに、アメリカの金利は高くなりました。そうなると、お金持ちは、「日本で銀行にお金を預けていても増えないけれど、アメリカの銀行に預ければお金が増える」と考えて、円をドルに替える人が増えます。ドルの需要が増えたので、ドルの価値が上がったのです。これを経済用語では「日米の金利差で円安ドル高になった」と表現します。

求人と求職で給料の水準も決まる

働く人の給料の金額も、「需要と供給」が関係してきます。

仕事を求めている人が大勢いたら、社員を採用する会社には、安い給料でも応募者が殺到します。仕事を求めている人が大勢いるのは、景気が悪くて社員をクビにしたり、新規採用を中止したりする会社が多いときです。安い給料でもいいからと仕事を求める人が殺到すると、多くの会社で、すでに働いている正社員の給料も上がることはありません。会社側は、社員に対して、「給料に不満があれば、いつ辞めてもいいんだよ。もっと安い給料でも働きたいという人がいくらでもいるんだから」と言えるのですから。

日本は不景気が続いてきましたから、「海外で働いた方が給料が高い」と考え、海外に出稼ぎに行く人も出ています。

一方、景気がよくて、どの会社も社員を大量に採用するようになりますと、事態は逆転します。仕事を求める人が減りますので、会社は社員の採用に苦労するようになります。給料を引き上げて、社員を確保しようとするのです。つまり、景気が良くなると、多くの会社で給料が上がるのです。

この場合、給料（労働賃金）を価格と考えると、求人数が需要で、求職者数が供給ということになります。求人数と求職者数の関係で給料の金額が決まるのです。ここでも、「需要と供給」の関係が成立します。

¥ 労働組合は「過当競争」を防ぐ

社員の給料も「需要と供給」で決まるということは、社員にとっては、給料がいつ下がるかもしれないというリスクを抱え込むことになります。そのリスクを軽減するには、どうしたらいいでしょうか。そこに、労働組合の意味があります。

会社にとって、そこで働く人たちは社員ですが、労働組合にとっては、「労働者」ということになります。労働者は弱い立場にあります。個人が社長に向かって、「給料を上げてください」と頼みに行くのは、とても勇気の要ることです。勇気を出して頼みに行ったら、「不満があるんだったら、辞めてもらっていいんだよ」と言われてしまうかもしれません。そうなると、労働者としては、文句を言わずに働こうということになります。労働条件が悪くなる恐れがあるのです。

いわば、労働力という商品の供給側の過当競争が起きやすくなります。

そこで、過当競争を防ぐために、労働者が集まった組織が労働組合です。労働力という商品の供給側が団結して、「労働力は安売りしない」、あるいは、「労働力をもっと高く買え」と要求するのです。

労働者が団結して要求してくると、会社側としても、無視することはできなくなります。少しくらい景気が悪くなっても、給料を引き下げることができなくなります。

これが労働組合の存在する意義です。ここにも「需要と供給」の関係があるのです。

この本の「はじめに」で、需要（買いたい人の数）と供給（売りたい人の数）で値段が決まる仕組みを「市場《しじょう》」というと説明しました。労働者の給料（賃金）が決まるのは、労働市場ということになります。

労働市場で決定された給料は、いわば社員（労働者）の労働力の「市場価格」です。

「見えざる手」が経済を動かす

スーパーマーケットの生鮮食料品が買いやすい価格になっているのは、「需要と供給」の関係で決まった市場価格だからです。

「市場価格」というのは、その値段で商品の売買が行われているわけですから、商品を買う側にすれば、「買いやすい値段」ということになります。

しかし、商品が買いやすい値段になっているのは、お客のために売る人が損をしているわけではありませんね。「この値段なら売れるだろう」と考えて値段をつけているにすぎません。スーパーの人は、できればキャベツを1個500円で売りたいかもしれませんが、それでは誰も買ってくれず、損をしてしまいます。そこで、利益の幅を小さくして、1個350円や300円で数を多く売ることにしているのです。

つまり、できるだけ多くもうけようと考えてつけた価格が、結果として「買いやすい値段」になるのです。

自分の利益を考えて行動すると、それが結果的に、他人の利益にもなる。

この関係が成立することを、「経済学の父」といわれるイギリスのアダム・スミスは、1776年に刊行した『国富論《こくふろん》』という書物の中で、「見えざる手」という表現を使って説明しました。

「生産物の価値がもっとも高くなるように労働を振り向けるのは、自分の利益を増やすことを意図しているからにすぎない。だがそれによって、その他の多くの場合と同

じように、見えざる手に導かれて、自分がまったく意図していなかった目的を達成する動きを促進することになる。」（アダム・スミス著、山岡洋一訳『国富論』）

「社会のために」と考えて働く人たちもいます。しかし、誰もが立派な目的を持って働いているわけではありません。

売れる商品を作っている人は、その商品を作ることによって自分がもうかるから、一生懸命働きます。でも、その商品を買って、便利になったと喜ぶ人がいます。

多くの人が、とりあえずは自分の利益が最大になるように働いているはずです。それが結果として、社会全体のためになっている。スミスは、そんな経済の仕組みを指摘したのです。

アダム・スミスの「見えざる手」という表現は、この本ですっかり有名になりましたが、実際にアダム・スミスがこの言葉を使っているのは1か所だけなのです。

これ以来、「神の見えざる手」という表現もよく聞かれるようになりました。アダム・スミスは『国富論』の中では、単に「見えざる手」と言っていますが、この指摘が、「まるで神様がうまくコントロールしているようだ」と考える人たちが出て、「神の見えざる手」とも表現されるようになったのです。

私たちが利己主義の動機に動かされて働くことが、結果的には社会全体のためになる。そんな不思議な仕組みが、「神の御業《みわざ》」に見えるのでしょうね。

¥ 競争することで経済が効率化する

たとえば携帯電話を製造するのに、プラスチックが500グラム必要だったとしましょう。もちろんガラスやアルミニウム、樹脂も使われていますが。

これでは製造費がかかりすぎるということで、メーカーが必死に改良して、50グラムですむようにしたとしましょう。メーカーは、これで450グラムものプラスチックを節約することができました。それだけ製造原価が安くなり、メーカーはもうかります。

しかし同時に、携帯電話1個につき、それだけのプラスチックが減るわけですから、社会全体としてみれば、大量の無駄が省けたことになります。

激しい競争が繰り広げられることで、資源の無駄づかいが減る。これこそ、アダム・スミスが指摘した通りのことが起きているのです。

¥ 競争することでサービスが向上する

激しい競争でサービスが向上する。その典型的な例が、宅配便です。私が小学生の頃ですから、1960年代のことです。親に言われて、近所の郵便局に小包を出しに行くことがありましたが、これがとても憂鬱《ゆううつ》でした。郵便局の窓口で叱られることがよくあったからです。

当時の郵便小包は、郵便局が指定した荷造りの方法があって、その通りにヒモをかけていないと、包み直すように怒られたのです。いまではとても考えられませんね。

当時、荷物を送るには、郵便局の小包か、国鉄（日本国有鉄道・いまは地域ごとのＪＲという民間の会社になっている）の鉄道荷物として出すしかありませんでした。自宅の近所にあるのは郵便局だけ。つまり、日本国民のほとんどは、郵便小包で送るしか方法がなかったのです。郵便局には競争相手がいませんでしたから、職員の態度が大きくなり、窓口でお客さんが叱られている光景は、ごく当たり前だったのです。

しかし、民間企業が宅配便を始めたことで、郵便局のサービスは大きく変わりました。これまで郵便小包を出していた人たちが、サービスのいい宅配便を利用するようになり、郵便局のお客が減り始めたからです。

宅配便の会社は何社も登場し、互いに競争します。その結果、冷蔵や冷凍のまま送ることができるなど、サービスが一段とよくなりました。配達時間まで指定できるようになったのですから、競争のなかった昔を知る私としては、びっくりです。

商品やサービスの供給側の競争は、お客にとって、うれしいことが多いのです。

しかし、こうした「見えざる手」が働くのは「完全競争市場」だけなのです。競争が十分に起きない市場では、サービスはなかなかよくなりません。

ただ、最近はサービスが過剰になり、働く人の過重労働が問題になっています。深夜に商品をスマホで注文したら、翌日には届くのが当たり前になりました。でも、それは深夜に働いている人が大勢いるから可能なのです。そんなことでいいのかという声が高まり、「働き方改革」が必要だと言われるようになりました。

¥ タクシー業界はサービスが悪かった

「完全競争市場」かどうかという例としては、タクシー業界があります。いまはずいぶん変わりましたが、以前は、体力の弱いタクシー会社がつぶれないようにという配慮から、地域によってタクシーの料金は各社に利益が出るだけの同じ金額と定められ、新しい会社が入ってくるのは（新規参入）、困難でした。どのタクシーに乗っても料金が同じで、競争相手の会社が少なければ、タクシー会社やタクシーの運転手が、「他のタクシー会社に負けないように」とサービスを向上させる動きは鈍くなります。

タクシーの運転手にはいい人が多いのですが、お客のことを考えたサービスがなかなか生まれません。海外では、大きな荷物を持っていると、タクシーの運転手は運転席から出てきて荷物をトランクに入れてくれますが、日本では以前、お客が大きな荷物を持っていても、運転手は知らん顔。お客がトランクを開けるように頼んでようやく開けるものの、運転手は運転席に座ったまま、お客の手伝いをしようとはしないということがありました。

でも、最近のタクシーはサービスが良くなりました。大きな荷物を持っていると、頼まなくても運転手が車から飛び降りてきて荷物を入れてくれます。競争相手が増えるとこんなにもサービスが変わるものかと、昔を知っている私はビックリです。

さらに最近はスマホのアプリでタクシーがすぐに呼べたり、ライドシェアの導入も始まったりしています。ライドシェアとは、タクシーの運転手でない一般の人でも、タクシー会社と契約してマイカーでお客を乗せることができるサービスです。

スマホのアプリでタクシーを呼んで利用した後、「運転の評価をしてください」と利用者に聞いてきます。ここで悪いランクをつけられたら運転手の会社での評価が下がりますから、運転手は客への態度が良くなるという仕組みです。

ただ、その分、タクシー会社同士の競争が激しくなり、タクシー運転手の労働条件が悪化するという、別の問題を引き起こしていることも事実です。

¥ 銀行員の給料はなぜ高かった？

1980年代の終わり頃まで、銀行員の給料はとても高いことで有名でした。ここでも、「市場の完全競争」が行われず、「需要と供給」の関係が働いていなかったからです。この場合の「市場」とは、銀行業界の「労働市場」のことです。銀行という金融業が規制で守られていたからです。

銀行が倒産すると、銀行に預金していた人たちは困ります。他の銀行に預金している人たちも、「あの銀行が倒産したのなら、私がお金を預けている銀行は大丈夫かしら」と心配するようになり、パニックが発生する恐れがあります。それを避けるため、第2次世界大戦後、日本の大蔵省（いまの金融庁）は、銀行が倒産しないように、厳しい規制をとっていました。

銀行同士が激しい競争をすると、競争に負けた銀行が倒産する恐れがあります。そこで、競争しないようにしたのです。銀行がお客から預かる預金につける金利はどの銀行も同じ。支店を次々に開設すると競争が激しくなるので、大蔵省が許可しないと開店できませんでした。

こうなると、銀行はあまり努力をしなくとも利益が上がるようになります。競争がないことによって「適正な基準」以上の利益が出ることを「超過利潤」といいます。銀行は超過利潤を出していたのです。その結果、銀行員の給料は高くなり、銀行員のための福利厚生施設も充実しました。

銀行をもうけさせていた大蔵省の幹部は、退職後、銀行に天下りします。銀行の幹部となって、高い給料をもらえたのです。こうなると、銀行員の給料が高いことは、大蔵省の役人にとってもいいことになります。

ところが、1990年代後半になりますと、日本の金融業界でも、欧米のように競争が始まり、さまざまな規制が廃止されて、海外の金融会社が日本に進出するようになりました。

その頃、日本経済の景気が悪くなったこともあり、銀行が次々につぶれるという事態に発展しました。銀行は、生き残りに必死になり、銀行員の給料を下げ、福利厚生施設（保養所や野球場など）を売却しました。銀行員の給料は、大きく下がったのです。

銀行の仕事はすっかり様変わり

ただし、金融業界はいまでも「新規参入」がむずかしい業界です。次々に新しい銀行が誕生するという競争が起こりにくいため、日本経済の回復とともに、銀行員の給料は再び高くなり始めています。

その一方、支店の数が減ったり、ＡＩが導入されて銀行員の数が減ったりして、採用人数は激減。少ない人数でたくさんの仕事を担当するようになりました。ここでも状況は厳しいのですね。

放送局の正社員の給料はなぜ高い？

銀行員の給料が再び高くなるにつれて、大学生の就職人気ランキングで、銀行がまた上位にくるようになりました。

大学生の就職人気といえば、民放（民間放送局）も常に上位にいました。放送局というと、華やかなイメージがありますし（実態は違いますが）、社員の給料が高いことでも有名でした。

では、日本の放送局の正社員の給料はどうして高かったのでしょうか。これも、銀行と同じような事情からです。

放送というのは、電波を使う業界です。放送に使える電波の周波数は限られています。そこで電波行政を担当する総務省（以前は郵政省）が、限られた放送局に「放送免許」を与えています。放送免許がなければ、放送の仕事ができないのです。このため、放送業界には新規参入がむずかしくなり、競争が制限されることで、「超過利潤」が発生します。それで正社員の給料が高かったのです。

ただし、放送局の中で一緒に働いている下請けプロダクションの社員の給料はびっくりするほど低いのが現実です。下請けプロダクションの設立には免許が必要ありませんから、新規参入が多く、激しい競争が起きているのです。

放送業界で働きたいと希望する若者は多く、放送局の正社員になれない若者たちは、

「好きな仕事ができるなら給料が安くてもいい」と考え、下請けプロダクションに就職します。この「労働市場」では、「需要と供給」の関係が働き、労働者という供給が多いことで、給料という価格は低下するのです。

ただし、最近は放送業界を取り巻く環境も厳しくなってきました。衛星放送が始まり、ケーブルテレビや、インターネットでもさまざまな動画を見られるようになってきたことで、事情は大きく変わってきました。

インターネットで動画を出すことは、電波を使うわけではありませんから、放送免許が必要ありません。誰でも放送のように発信することができます。パソコンで動画を見られますから、わざわざテレビの前に座って見る必要はありません。テレビ自体も、リモコンでネット番組やＹｏｕＴｕｂｅを選ぶことができるようになりましたから、民放の番組を見る人が減っています。そうなると、これまで民放テレビ局にＣＭ料を払っていた企業は、インターネット番組に広告料を振り向けます。こうして民放各局は、以前のような「超過利潤」が得られず、社員の給料はなかなか増えなくなりました。

一方、ＹｏｕＴｕｂｅも、始まった当初は競争相手が少なかったので、人気ユーチューバーは高収入を得られた人もいました。「毎月、外国製の高級自動車を買えるくらいの収入が得られます」と言う人に会った時にはびっくりしました。

その結果、「将来はユーチューバーになりたい」という小学生が大勢いたのですが、いまやユーチューバーも競争が激化。「YouTubeだけでは生活できない」という人が多くなりました。

¥ 電話料金は劇的に値下がりした

供給側の競争がお客にとっていい結果をもたらす例としては、電話料金があります。

1985年以前の日本では、国内の電話は日本電信電話公社（電電公社）が独占していました。この電電公社が民営化されてNTTになり、他の民間会社も電話事業に参入できるようになったことで、国内の電話料金は劇的に下がりました。

電話会社同士の競争が激しくなることで、続いて登場した携帯電話のサービスも向上しました。競争が社会にとってプラスに働くことを、国民が実感したのです。

ただし、自由競争が激しく行われると、中には競争に敗れて消えていく会社が出てくることもあるでしょう。競争する会社が少ない状態を「寡占《かせん》」といいます。「寡」は少ない、「占」は一人占めという意味です。

さらに、競争相手がみな敗れ、1社だけになってしまった状態を「独占」といいます。自由競争は、寡占や独占を生み出す可能性があるのです。競争相手が少なくなると、寡占状態の会社や、独占会社は、前のようなサービスをしなくなる可能性があります。商品やサービスの値下げ競争もやめ、逆に値上げしてくるかもしれません。

競争は、一般論としてはいいことなのですが、ってお客にとってマイナスの事態になることがあるのですね。

そこで国としては、競争がフェアに行われるようにしたり、独占企業が勝手なことをしないようにしたりするため、法律で規制することになります。これが「独占禁止法」です。この法律に違反していないか監視する組織が「公正取引委員会」です。なるべく規制をなくし、自由な競争を実現することが、私たちにとって利点となりますが、競争の行き過ぎを防ぐために、規制が必要になる場合もあるのです。

第2章　「お金」はどうして価値がある？

ただの「紙」がなぜお金なの？

経済を考えるとき、とても不思議なことがあります。それは、お札《さつ》です。お札のお金《かね》は、考えてみると、ただの紙ですね。なのに、私たちは、お金として使っています。どうしてなのでしょうか。

それは、みんなが「お金」だと考えているからなのです。

これは、ずいぶんと変な話ですね。お金がなぜお金かといえば、みんながお金だと考えているから。こんな説明は論理的ではないように思えますが、これが答えなのです。

どうして、そんなことになったのか。まずは、お金の誕生の歴史から見ていくことにしましょう。

私たちは「分業」で豊かになった

第1章で見たように、さまざまな商品は、「需要と供給」の関係で値段が決まっています。片方に「需要」があると、もう片方に「供給」がある。そこには、「買う人」と「作る人」という役割分担が存在します。

つまり、1人がすべてを製造するのではなく、人々が分業してさまざまな商品を作り、それを「交換」しています。「需要と供給」は、分業・交換を前提にしているのです。

たとえば大昔、海岸に住む漁師と、山で猟師《りょうし》をしている人がいたと考えてみましょう。漁師は、毎日魚を獲《と》って食べています。でも、たまには、魚以外のものも食べたくなるでしょう。山で獲れたイノシシの肉を食べたくなったとします。

一方、山の猟師も、いつも動物の肉ばかりでは飽きてきます。魚も食べたくなるでしょう。こういうとき、互いに魚と肉を持ち寄って物々交換をすれば、互いにとって幸福です。漁師は漁の専門家、猟師は狩りの専門家です。漁師が魚もイノシシも獲るより、互いに自分の得意な分野の仕事をして、獲物を交換した方が、ずっと効率が良くなりま

分業
米
交換

す。

これが分業であり、交換です。私たちは、分業と交換をすることで、すべてを1人で担当するより、ずっと豊かになることができたのです。

あなたの日常生活のことを考えてみましょう。あなたが着ている服、履いている靴、食べている食べ物。これをみんな自分1人で作るとしたら、大変です。毎日毎日、食べ物を探し、調理し、服を修理し、ということをやっていたら、他のことは何もできなくなります。分業して出来たものを交換することで、私たちはゆとりある暮らしができているのです。

分業や交換をする能力のない動物たちが、日々の食べ物を追い求めている様子を見れば、人間がなぜ豊かな生活ができるようになったかがわかります。

物々交換からお金が発明された

交換することによって私たちは豊かになることができたのですが、大昔の物々交換は、実はとても大変なことだったのです。

魚を持っている漁師が、イノシシの肉を持っている猟師と、魚と肉を交換することを想像してみてください。魚を肉に交換したいと思っている漁師がいても、「肉を魚に交換したい」と思っている猟師に出会うことは、なかなかあることではありません。

そもそも2人がバッタリ出会う偶然は考えられませんし、たまたま肉を持っている猟師と会えたとしても、猟師は肉を果物と交換したいと思っているかもしれないからです。

そこで、物々交換したい人たちが、広場に集まってくるようになります。これが市《いち》の始まりです。

市に行けば、物々交換したいと思っている人たちに会えます。でも、市を毎日開いているわけにはいかないと考えた人たちは、定期的に市を開くことにしました。たとえば4日、14日、24日というように4のつく日、5のつく日、8のつく日というように。こうして、四日市や五日市、八日市場などの地名になって、いまも残っているのです。

しかし、市に行っても、魚を持っている人が、肉を持っている人を探しているうちに、魚が腐ってしまうかもしれませんね。とりあえず長持ちするものに換えておいた方がいいということになります。その長持ちするものは、みんなが欲しがるものがいいですね。

それに交換しておけば、いつでも他のものと再び交換することができるからです。
こうして、「みんなが欲しがり、長持ちするもの」が選ばれます。これが、「お金」です。お金とは、交換の仲立ちをするものなのです。

貝から金や銀に

長持ちするものとしては、どんなものがいいでしょうか。古代の中国では、貝が使われました。海から離れた内陸部では、きれいな貝を簡単に手に入れることはできません。貴重なのですね。そこで、この貴重な貝がお金の働きをするようになりました。

人々は、自分が作ったものをいったん貝に換え、この貝で、欲しいものと交換するのです。貝がお金として使われていた証拠が、私たちが使っている漢字に残っています。漢字は中国から伝わりました。お金に関する漢字には、「貝」が使われているのです。

買、貴、貯、財、資、貧など、みんな「貝」という文字が入っているでしょう。

しかし、やがて金や銀、銅などの金属がお金として使われるようになりました。金属なら落としても壊れませんし、腐ることもありません。熱を加えれば加工も簡単です。

持ち運びにも便利です。

金、銀、銅の中では、やはり見た目が美しい金がよく使われるようになっていきました。金貨の誕生です。

金、銀からお札が生まれた

金や銀は、熱して鋳《い》型《がた》に入れることで、自由な形にすることができるので、いろいろな大きさの金貨や銀貨に加工することができます。この結果、世界各地で、金貨や銀貨が使われるようになりました。

他人が欲しがるものを製造したり、獲ってきたりすることで、金貨や銀貨に換える。すると、その金貨や銀貨を使って、自分が欲しいものと交換できる。

お金が生まれたことで、私たちは分業ができるようになり、欲しいものと交換することで、豊かな暮らしを実現するようになったのです。同時に、「需要と供給」の関係が成立しました。

アダム・スミスが指摘した「見えざる手」の働きも生まれたのです。

ところが、取引が活発になり、大金が動くようになりますと、金貨や銀貨では不便になってきます。高い商品を買うときには、金貨を大量に運ばなければならないからです。1人では運べない重さになるかもしれません。ガチャガチャ音がする重い金貨を大量に運んでいると、途中で強盗に襲われる危険もあります。そこで、お金持ちの両替商に金貨を預け、代わりに「預かり証」を発行してもらう、という方法が生まれました。

商取引の際には、金貨を渡さずに、預かり証を渡すのです。預かり証を受け取った人は、それを両替商に持っていけば、預かり証に書かれている金額の金貨を受け取ることができます。

預かり証なら畳んでしまうことができますから、1人で運べますし、強盗にも気づかれることがありません。

両替商はお金持ちですから、「預かり証を持っていけば、必ず金貨と交換してもらえる」という信用があります。両替商に対する信用によって、預かり証が、金貨の代わりに使われるようになるのです。これが、お札の誕生です。

お札を発行する銀行が生まれた

この「預かり証」を発行する両替商が、やがて銀行に発展しました。

各地に銀行がいくつも生まれました。それぞれの銀行には、金貨が大量に保管してありましたから、「この紙幣を持ってくれば、いつでも同じ金額の金《きん》と交換できる」と書かれた紙幣を発行しました（金は、貴金属として、金貨以外の形でも取引されます）。

人々は、その紙幣を、金と同じ価値を持つものと信じて使っていたのです。

ところが、やがて、悪いことを考える銀行が出てきます。実際に持っている金の量より多く紙幣を発行する銀行が出てきたのです。自分で勝手に紙幣を発行することで、もうけようと考えたのですね。

その結果、その銀行がある地方では、紙幣が大量に出回るようになります。紙幣が急に増えると、その紙幣に対する信用が減ってきます。人々は「この紙幣、本当に金と交換できるんだろうか。交換できなくなる前に金に交換しておこう」という行動に出ました。銀行に、その銀行が発行した紙幣を持った人々が押し寄せ、金との交換を要求したのです。

こうなると、この銀行は困ります。人々の要求に応えて交換できるほどの金を持っていないのですから。こうして、この銀行はつぶれてしまいました。そうなると、他の地域の人たちも不安になり、それぞれ紙幣を発行している銀行に押しかけることになります。

こうした混乱が起きたことで、日本の場合、「紙幣を発行できる銀行」をひとつだけに決めることにしました。これが、日本銀行《にっぽんぎんこう》の誕生です。1882（明治15）年のことでした。

世界には、ひとつの国の中で複数の銀行がお札を発行しているところもありますが、多くは、ひとつの銀行だけです。紙幣を発行できる銀行のことを「中央銀行」といいます。日本銀行は、日本の中央銀行なのです。

あなたが持っているお札を見てください。「日本銀行券」と書いてあるでしょう。日本銀行が発行したものだからです。

金本位制でなくなった

最初は、日本銀行が発行したお札にも「同じ金額の金と交換する」と印刷してありました。人々は、日本銀行の地下の大金庫に大量の金があることを信用して、日本銀行券を使っていたのです。

金がすべての中心になる、という意味で、この制度は「金本位制度」と呼ばれます。

しかし、やがて不都合なことが出てきます。

経済が発展し、人々が活発に商取引を行うようになると、そのための紙幣が大量に必要になってきます。ところが日本銀行は、地下金庫に保管している金の分しか紙幣を発行できません。経済の発展に必要なだけの紙幣が発行できなくなってしまったのです。

そこで日本政府は、日本銀行が発行する紙幣は、持っている金の量にこだわることなく発行していい、という方針を打ち出しました。1932（昭和7）年のことです。

これによって、金本位制ではなくなり、紙幣には金の裏づけがなくなったのです。ただの「紙」になったのですね。

でも、人々は、これまで通りに日本銀行券を使い続けました。これがお金だと信用していたからです。つまり私たちは、「日本銀行券」と書かれたものを「お金」と信用しているから、お金として使い続けているのです。

ただ、人々が信用しなくなって受け取りを拒否するようになるといけませんから、法律で、「日本銀行券はお金として受け取らなくてはいけない」と定めています。

銀行は大事な役目をする

紙幣を発行できるのは日本銀行だけになりましたが、その他の銀行も、人々からお金を預かり、それを他の人に貸すという仕事を続けました。こうした仕事を「金融」といいます。「お金を融通する」からです。

以前のこと。私が経済学を教えている大学で、銀行は預金を金庫に保管しているだけと思っていた大学生がいました。そんなことはありませんね。そんなことをしていたら、銀行はどうやって利益をあげているのでしょうか。

世の中には、「お金を持っているけれど、とりあえず使う予定がない」という人がいます。その一方で、「新しい仕事を始めたいけれど、そのためのお金が不足している」という人や会社もあります。この両方をつなぐ役割を果たしているのが金融機関なのです。お金が余っている所から、お金が足りない所へお金を流す仕事です。これにより、経済が発展するのです。

お金を持っている人は、そのお金を大事に保管して、できれば増やしたいと考えています。でも、どこかの会社にお金を貸したら、その会社が倒産して、貸したお金が返ってこなくなるかもしれませんね。そこで、お金を貸しても大丈夫かどうか判断できるプロの銀行にお金を預けるのです。

お金を借りたい会社も、お金を貸してくれる人たちを自分で見つけるのは大変です。銀行に頼めば、お金を貸してくれるというわけです。

ただし、銀行が会社に貸すお金は、預金者から預かったお金です。返してもらえなくなったら大変。そこで銀行は、「お金を貸してほしい」という会社について詳しく調べます。これを審査といいます。その結果、大丈夫と判断した会社にお金を貸すのです。

その際、銀行は、お金を貸した会社から「利子」を取ります。お金を貸したお礼ですね。多くの会社から利子を受け取っておけば、中にはお金が返せずに倒産する会社が出ても、その会社に貸したお金以上の収入がありますから、銀行はつぶれないですむのです。

その一方、銀行は、お金を預けてくれた預金者には利子を払います。利子を払うからこそ、預金者はお金を預けてくれるのです。銀行は、会社から受け取る利子より少ない金額の利子を預金者に払います。差額が銀行の収入になります。

銀行は「信用創造」をする

銀行には、他にも大事な役割があります。「信用創造」です。

たとえば、Aという人が1億円を銀行に預けたとしましょう。銀行は、その1億円を大事に金庫に保管しておくわけではありません。預金者がお金を引き出しに来ることを考えて、一部は金庫に保管しますが、残りの大半を、別の会社に貸し出します。

預かった1億円のうち、1000万円を金庫に保管し、9000万円をBという会社に貸したとしましょう。B社は、そのお金でC社から商品を買います。

C社は、受け取った9000万円を銀行に預けます。これで、銀行が預かっている金額は1億9000万円ということになりましたね。

銀行は、新たに預かった9000万円のうち、1000万円を金庫に保管し、残りの8000万円をD社に貸します。D社は、そのお金でE社から商品を買います。E社は、受け取った8000万円を銀行に預けます。

銀行には、合計で2億7000万円の預金があることになります。

このように銀行は、預かったお金を貸し出すことで、銀行が預かるお金の金額を増やしていきます。それだけ世の中のお金を増やしていることになるのです。「銀行にお金がある」という「信用」を新たに創造しているのですね。

しかし、銀行の金庫に実際にそれだけのお金が保管されてあるわけではありませんから、もし預金者が一斉に銀行に預金を引き出しに押しかけたら、銀行はつぶれてしまいます。私たちは銀行など金融機関を信用していますから、預金を預けたままにしています。まさに「信用」によって成り立っているのです。

利子で経済が発展した

新しく仕事をしようという会社は、銀行から資金を借りて、利子を払います。資金を借りて新しい仕事を始めた以上、会社としては、利益が出ないと大変です。銀行から借りた利子が払えなくなるからです。会社としては、自分たちの利益プラス利子分まで稼がなくてはなりません。

こうして会社が一生懸命に仕事をすることによって、経済は発展します。このため「利子は経済発展の原動力」と呼ばれるのです。

貸したお金の金額に対する1年間の利子の割合を「金利」といいます。たとえば100万円を借りると、1年間で1万円の利子を払わなければならないとすると、金利は1パーセントになります。

ちなみに、このお金を借り続けると、翌年は101万円に1パーセントの金利がつきます。こうして毎年利子は増えていきます。こういう利子の増え方を「複利」といいます。最初は利子が安くても、毎年積み重なると、結構な金額になりますので、注意が必

仕事やる気
会社
金利
仕事
見合わせる
利子
会社
10
1
0
むつかしい・・・

要です。

この金利も、「需要と供給」の関係で決まります。銀行から資金を借りたい人が大勢いれば、「利子の値段」である金利は高くなります。

一方、資金を借りたい会社があまりなければ、利子の収入を稼いでいる銀行としては、何とか資金を借りてもらえるように、「利子の値段」を下げます。つまり金利が低くなるのです。これは前に説明しましたね。

経済が発展して、「新しく仕事を始めよう」という会社が多くなれば、金利は上昇します。景気が悪く、「しばらく新しい仕事を始めるのは見合わせよう」という会社が多ければ、金利は下がります。

金利は、いわば「景気の温度計」のような役割を果たすのですね。

日本の金利をコントロールするのは日本銀行の仕事です。そこで安倍晋三《あべしんぞう》元首相は、日本の不景気をなんとかしようと考え、日本銀行の総裁と相談しながら、低い金利を続けました。この方法を「アベノミクス」（安倍の経済学）といいました。

金利が低ければ、会社は喜んでお金を借りて、一生懸命に仕事をするので、景気が良くなるだろうと考えたのです。確かにアベノミクスを導入した結果、それ以前よりは景気が回復しましたが、そのうちに会社は「お金を借りても返さなければならないお金はごくわずかだ」と安易に考えるようになり、思ったほどには景気がよくならなかったのです。むずかしいものですね。

第3章 「景気」が世界を動かす

お金が生まれ、格差も生まれた

物々交換から、やがて仲介役として、金貨や銀貨などの長持ちするものがお金になったことで、富を蓄積することができるようになりました。

物々交換の時代ですと、魚にしても肉にしても、長持ちしません。塩漬けなどの方法で保存しても限界があります。多額の富を蓄えるということは無理だったのです。

ところが、何でも買うことができる金貨や銀貨が生まれますと、金貨や銀貨は、いくらでも貯《た》めておくことができます。富を蓄積することができるようになったのです。こうして、「大金持ち」が誕生します。富を蓄える金持ちと、富を貯めることのできない貧しい人たちとの間に格差が生まれるようになるのです。

お金の誕生によって、貧富の差、格差もまた生まれたのです。

お金が自己増殖する

富を蓄えることができないと、いつまで経《た》っても貧しいままですが、いったん富を蓄えると、その富が、まるで自分自身で増えていくかのような動きが生まれます。貨幣の自己増殖です。

この様子を、「お金は寂しがり屋だから、仲間が少ないと、仲間が多い所へ逃げていく」と表現する人もいます。

金持ちは、蓄えた富を有効に使って、さらに増やそうと考えます。富つまり資金を他人に貸して利子を取り、資金を増やしていくのです。

お金を貸す側に回ると、自分があくせく働かなくても、お金が「働いて」くれて、利子が入ってきます。

利子が入って資金が増えると、その資金をまた貸し出し、お金はどんどん増えていきます。

自分の資金で新しい事業を始める人もいるでしょう。事業が成功すれば、多額のもうけが入ってきます。

もちろん事業には危険がつきもの。失敗すれば資金は戻ってきません。資金を持っていなかったり、少ししか持っていなかったりすると、事業を始めることはできません。でも、多額の資金を持っている人は、少しくらいの危険（リスク）は承知で資金を動かすことができます。その結果、成功のチャンスも大きくなるのです。

お金を増やすことが自己目的化することも

お金があると、いろいろなものが買える。他人が買えないものでも、自分は買える。なんだか自分がえらくなってしまったように勘違いをする人も出てきます。

お金というのは、本来は交換手段。お金で何を買うかが問題なのですが、お金それ自体をせっせと貯めることが目的になってしまう人も出てくるのです。

金庫に紙幣の束が増えていくのを見ては喜んだり、銀行の預金通帳の金額が大きくなっていくのを楽しみにしたり。その人にとって、お金は崇拝すべき存在。いわば神様になってしまいます。単なる「紙」のお金が、「神」になってしまうのです。お金をさらに増やすために働く姿は、まるで「お金という神」に命令されているようにすら見えてきます。

これでは本末転倒ですね。何のためにお金があるのかわからなくなってしまっています。これが、お金の怖いところなのです。

お金が景気循環を作り出す

お金持ちは、自分が持っているお金をさらに増やそうとして、新しい事業を始めることがあります。新商品を開発して、売り出します。この商品が売れてもうけが出たら、もっともうけようという気になり、さらに資金を投入し、商品を大量に売るでしょう。

この商品が売れれば、その部品を製造している会社ももうかります。新しく人を雇い、新工場を建設して、大々的に製造を開始します。

そうなると、部品の原料を製造している会社ももうかり、同じように製造を拡大します。

こうして、お金がもうかる会社が増えると、社員の給料も上がりますから、人々は、これまで以上に買い物をするようになり、商品がますます売れていきます。

こういう状態を、「景気がいい」と呼びます。専門用語では「好況」といいます。

しかし、いいことはいつまでも続くものではありません。ある商品が売れるようになると、ライバル企業も、同じような商品を開発して売り出します。似たような商品が多数売り出されれば、やがて売れ残りが出るようになります。需要より供給が多くなるからです。

いくら製造しても売れなくなったら、新工場の建設費用が払えなくなります。多数採用した社員への給料支払いもむずかしくなります。会社の倒産が相次ぐようになるのです。経済全体が、「景気が悪い」状態です。「不況」ともいいます。

もし、この不況が急激にやってきて、深刻な状態になると、「恐慌」と呼びます。みんなが恐《こわ》がり慌てる様子が、漢字からわかりますね。

しかし、悪いことも長続きはしません。ライバル企業が倒産してしまうと、生き残った会社が製造する商品は、また売れ始めます。供給が需要に見合うようになり、景気はゆっくりと回復に向かうのです。

景気が良くなったり悪くなったりする様子を、「景気循環」と呼びます。まるで海の波のように、景気は高くなったり低くなったりしているのです。

こんな景気循環が起きるのも、「もっともうけよう」という人々の行動が原因です。ここにも「見えざる手」が働いています。

インフレとデフレ

景気が良くて商品が大量に売れると、商品の部品や材料に対する需要が大きくなります。需要があまりに多くなると、製造が追いつかなくなります。そうなると、「需要と供給」の関係で、部品や材料の値段が上がり始めます。それはやがて商品価格にも跳ね返ります。いろいろな商品の値段が上がるのです。こういう状態を「インフレ」といいます。

インフレとは、英語の「インフレーション」の略で、「膨張《ぼうちょう》する」という意味です。あらゆる商品の値段が上がり、経済全体が膨れ上がっていく様子を示しています。

インフレになると、これまでの金額では買えない商品が増えてきますから、それだけお金の価値が下がってしまうのです。

でも、インフレには「良いインフレ」と「悪いインフレ」があるという言い方をすることがあります。

景気が良くて、結果的にインフレになる場合は、多くの人にとっていいことです。これを経済学用語で「デマンドプル・インフレ」といいます。「デマンド」つまり需要に引っ張られることで価格が上がることです。

一方、悪いインフレは、商品の製造コストばかりが値上がりして、景気が良くならない状態です。これを「コストプッシュ・インフレ」といいます。コストが押すインフレです。

インフレに対してデフレという言葉もあります。景気が悪くなりますと、商品が売れなくなりますから、なんとか買ってもらうために、商品の値段を下げることになります。商品の値段を下げるためには、その部品や材料の値段も下げる必要があります。社員の給料も下げざるを得なくなることがあります。

給料が下がった社員は買い物を切り詰めますから、ますます商品が売れなくなります。

景気
景気
WINE
インフレ
デフレ

こうして、あらゆるものの値段が下がっていくようになります。これが「デフレ」です。「デフレーション」の略で、「収縮する」という意味です。商品の値段が下がり、経済全体が小さくなっていく様子を示す言葉です。その様子が、まるで螺旋階段《らせんかいだん》を降りるような状態に見えるので、「デフレ・スパイラル」と呼びます。スパイラルとは螺旋のことです。

熱狂的なバブルが生まれる

景気が良くなったり悪くなったりを繰り返しているうちに、景気が「良くなりすぎる」ことが起きます。これが「バブル」です。バブルとは泡のこと。シャボン玉などの泡は、簡単に消えてしまいますね。吹けば飛ぶように、あっという間に消えてしまう好景気のことなので、こう呼びます。バブル（好景気）が消えてしまうことを、「バブルがはじける」といいます。

1630年代のオランダでは、「チューリップ・バブル」が発生しました。この頃オランダでは、チューリップの品種改良が進み、美しい花を咲かせるチューリップが次々に生まれ、ブームが発生しました。

美しい花を咲かせるチューリップの球根は人気になり、高い値段で売れます。それを買った人は、さらに高い値段で売ろうとします。たとえ高い値段でも、「まもなくもっと高く売れる」と思う人がいれば、買ってくれるのです。

こうして、小さな球根1個に、馬車が買えてしまうくらいの値段がつきました。いまなら高級自動車が買える値段でしょうか。

しかし、やがて値段が高くなりすぎ、誰も買えない値段になってしまいます。そのとき、みんなはふと気づくのです。「こんなチューリップの球根1個に高い値段がつくなんて異常なことだ」と。

みんながそう思ってしまえば、ブームは終わり。「チューリップ・バブル」ははじけてしまい、高い金でチューリップの球根を買い占めた人たちは破産してしまったのです。

日本でも、同じようなことが起きました。「土地バブル」です。1980年代、日本の大都市の土地の値段はどんどん上がりました。土地の値段が高くなるので、土地を担保にして資金を借り、さらに土地を買うという人たちが激増しました。

「担保」とは、「お金が返せなくなったら渡します」と約束する財産のこと。「借りたお金が返せなくなったら土地を差し上げます」と銀行に約束して、資金を借りたのです。土地の値段がどんどん値上がりしていましたから、銀行も土地を担保にすれば気軽にお金を貸してくれました。「返してもらえなくなったら、土地を取り上げて売れば資金が回収できる」と考えたのです。

でも、土地だって、値上がりしすぎれば、売れなくなります。買い手がなくなったら、土地の値段が下がります。地価が暴落して、バブルが消えてしまったのです。倒産した会社や破産した個人が相次ぎました。オランダと同じようなことが起きたのです。

バブルは、バブルがはじけて初めて「バブルだったんだ」と気づきます。人間は、こんな愚かなことを繰り返してきたのです。

お金が「商品」になる

土地バブルの様子を見ると、土地も商品として取引されていたことがわかりますね。

私たちが暮らしている資本主義経済の下では、あらゆるものが商品になる可能性があるのです。かつて、「愛だって金で買える」と豪語した人がいます。さて、愛は金で買えるのか。これは、あなたが考えてくださいね。

愛はともかく、お金ですら「商品」になるのです。外国為替《がいこくかわせ》のことを考えてみましょう。第1章で取り上げたように、円とドルをいくらで両替できるかは、その時々で変わります。

たとえば1ドルが120円から100円になったとします。これは「円高」と呼ばれます。前には120円出さないと1ドルの商品が買えなかったのに、100円で1ドルの商品を買えるようになったのですから、それだけ円の値打ちが高くなったことになります。だから円高と呼ぶのです。

1ドルが120円のときに1万ドルを円に替えると、120万円になります。その後、円高になって1ドルが100円になったとします。120万円をドルに両替すると、1万2000ドルになります。

1万ドルを円に替えてドルに戻しただけで、2000ドルもうけたことになります。ドルを円に替えてドルに戻す。これは、最初に円を買い、次に円を売ったことと同じです。円という「商品」を、安く買って高く売ったことになるのです。

こうなると、お金それ自体が「商品」になってしまいました。お金は何でも買える、という意味がわかりますね。愛はともかく。

「投資家」が世界で活躍？

お金を持っている人は、さらにお金持ちになる傾向にあるという話をしました。お金持ちは、持っているお金を増やすために、銀行ばかりでなく、ヘッジ・ファンドと呼ばれる会社に資金を預けることもあります。

ヘッジとは、「危険を避ける」という意味。ファンドは基金、つまり「お金の集まり」のことです。損をする危険を避けながら、預かった資金を増やすという仕事をしています。

しかし実際には、危険を避けるどころか、損をする危険（リスク）を冒《おか》してでも資金を増やそうとします。そこで、世界のどこでも、金もうけできそうな場所があったら大金をつぎ込み、もうけたら、さっさと引き上げる、という方法をとることがあります。

その結果、他の人が大損しても自分がもうかればいい、ということになります。ヘッジ・ファンドが世界中で大暴れするようになったのです。

こういう動きがあったとき、経済ニュースでは「投資家が動いて」という表現をします。

ヘッジ・ファンドで働いている人たちは、預かったお金を増やすのが仕事です。もし資金を増やすことができず、損を出してしまったら、自分がクビになってしまいます。それを避けるために必死になるのです。

この姿は、まるでお金という「神」の命令で働いているようにも見えてしまいます。

お金に振り回される私たち

最近、政府は「NISA」や「新NISA」で金融所得を増やしてくださいと呼びかけています。「金融所得」とは、株の売買や配当金、預金の利子などで得られるお金のことです。政府としては、国民の所得が増えるような取り組みをしてきたつもりだったのですが、なかなかうまくいきません。そこで、国民の皆さんもご自身でお金を増やしてくださいね、というわけです。そこで政府が用意した仕組みが「ＮＩＳＡ」です。

ＮＩＳＡとは「少額投資非課税制度」のことで「ニーサ」と発音します。もともとはイギリスのＩＳＡ（Individual Savings Account）をモデルにしていて、頭に日本のＮをつけたので、この名前があります。イギリスのＩＳＡ（アイサと発音）は18歳以上の国民の４割が利用しています。

ＮＩＳＡの特徴は、少額の投資であれば税金を免除しますよ、というものです。現在は株を売買したり配当金を受け取ったりすると、20・３１５％の税金がかかります。なんだか中途半端な率ですね。これは、もともとほかの所得に関係なく、所得税が15％、住民税が５％と決まっていたのですが、東日本大震災の復興のためのお金が必要だということになり、２０３７年まで所得税に２・１％が加算されることになったためです。その結果、合算すると20・３１５％になるというわけです。

ＮＩＳＡを使わずに株への投資をして、たとえば10万円の利益が出た場合、２万３１５円の税金が引かれるため、手元に残るお金は７万９６８５円になります。

一方、ＮＩＳＡは非課税つまり税金がかからないので、10万円が全額自分のものになります。

「税金はかけないから株に投資して資産を増やしてね」というのが政府の狙いです。この制度が始まった当初は非課税が利用できる期間は5年で上限は年間120万円でしたが、2024年から上限が年間360万円になり、利用可能期間も無期限になりました。この制度が「新NISA」です。

ここで気をつけなければいけないのは、株は上がったり下がったり、買った株の会社が倒産してお金が戻ってこなかったりというリスクもあるということです。「お金を増やそう」と血眼《ちまなこ》になり、毎日株価の動きに振り回されるなんてことになったら、せっかくの人生が台無しになることもあります。

私たちの祖先は、分業で生まれた成果を交換することによって豊かになり、お金を発明しました。お金を蓄積することで富が拡大し、経済も発展してきました。

その一方で、人間が生み出したお金によって、人間がこき使われるようにもなりました。私たち自身が、お金に振り回されるようになったのです。ここでも、「見えざる手」が働いているのでしょう。

第4章　人間が主人になろうとしたが――「社会主義」の失敗

資本主義を批判したマルクス

人間はお金を発明したことで豊かになったものの、そのお金に支配されて右往左往している。貧富の格差も生じてしまった。

こんな現状を改革しようと考えられたのが、「社会主義」の思想でした。

社会主義にはいろいろな考え方がありますが、代表的なのは、ドイツの思想家、革命家だったカール・マルクスの考え方です。マルクスの死後、この思想は「マルクス主義」と呼ばれました。

金持ちが多額の金を使って会社を作り、労働者を雇って働かせる。この金持ちが「資本家」と呼ばれます。労働者には、生活できるギリギリの賃金（給料）しか払わない。しかし労働者は、労働によって賃金以上の富を生み出す。この差額が、資本家の懐《ふところ》に入

カール・マルクス
(1818〜1883)

る。これをマルクスは「搾取《さくしゅ》」と呼びました。搾取とは、「搾《しぼ》り取《と》る」こと。資本家は労働者を働かせることによって富を蓄積していくというわけです。

この経済の仕組みが「資本主義」です。「資本」とはお金の集まりのこと。多額の資金によって経済が動いていく仕組みを資本主義と呼んだのです。「主義」と呼ぶと、なんだか思想のようにも思えるので、本当は「資本制経済」とでも呼ぶべきものなのでしょうが、一般的には資本主義と呼ばれます。

しかし、この資本主義の金もうけの試みは、やがて経済の恐慌をもたらす。こうした恐慌によって、労働者たちの生活はどん底に落ち、不満がたまっていく。労働者の不満は、やがて革命として爆発する。資本主義は崩壊し、労働者が主人公になる社会主義社会が誕生する。これがマルクスの考え方でした。

社会主義国家が生まれた

このマルクスの思想にもとづいて、ロシアではレーニンの指導によってソビエト社会主義共和国連邦（ソ連）が生まれました。「ソビエト」とはロシア語で「評議会」のこと。議会ではなく、労働者の代表による「評議会」が政治を行う国、という意味です。

また、中国では毛沢東によって中華人民共和国が誕生しました。どちらも、マルクス主義にもとづいた社会主義国家でした。

第2次世界大戦後には、このほか東ヨーロッパやベトナム、キューバなど、世界各地に社会主義国家が成立しました。

国有企業なら問題ないと考えた

こうした社会主義の国では、企業をすべて国有にしました。資本家が経営する企業は労働者を搾取するので、労働者の代表が権力を握る国家が経営すれば、労働者が主人だから、労働者は搾取されない、という考え方からでした。

資本主義経済では、好況や不況、恐慌という景気循環によって、労働者が翻弄《ほんろう》されています。これは、資本家が自分本位の金もうけを目指すため起きること。資本家をなくし、すべて国有企業にして経営すれば、恐慌も消滅するだろうと考えたのです。

そのため、国家が経済計画を立て、国有企業は、この計画にもとづいて仕事をしていくことになりました。

また、労働者の間に格差が生じないように、平等な暮らしを保障しました。

これこそ、お金が「神」になってしまった資本主義経済を否定し、人間自身が社会の主人になろうという試みでした。

最初はうまくいくように思えました。しかし、次第にうまくいかなくなっていったのです。

資源の無駄づかいが起きた

資本主義経済では、企業経営者（マルクス主義の表現では「資本家」）が、独自の経営方針によって商品を製造して売り出します。

最初につけた値段が高ければ、商品は売れません。安くすることによって、売れ始めます。つまり、「市場」の働きによって、「需要と供給」のバランスがとれた値段が決定されます。

しかし、国有企業になりますと、これがうまく働かなくなります。国有企業にしてみれば、商品が売れても売れなくても関係ありません。資本主義社会では、商品が売れなければ企業は倒産してしまいますが、国有企業だったら、そんな心配はないからです。

国有企業の経営者は、商品の製造にかかった費用に利益を上乗せした金額を値段にして売り出します。

高ければ売れないはずなのですが、国有企業には競争相手がいませんから、たとえ商品の価格が高くても、他の安い商品が売り出されることはありません。国民は、高い商品を買うか、あきらめるかしか選択肢がないのです。

これが資本主義ですと、消費者に人気のない商品は売れませんから、企業は、少しでも消費者が喜ぶ商品を製造しようと工夫を凝らしますが、社会主義では、そんな動機は生まれません。同じような服、同じような靴ばかりが店頭に並ぶということになります。

その結果、オシャレには程遠い商品が店頭に並び、売れ残り続出ということになりました。資源の無駄づかいが起きたのです。

国民がどんな商品をどのくらい欲しがっているのか。こんなことは、経済計画を立てる一部の官僚には予想がつかないことです。その結果、欲しい商品は店頭に並ばず、いらない商品ばかりが並ぶということになりました。「資源の最適配分」ができないのです。

「見えざる手」の働きが消滅してしまったことで、経済は大混乱に陥ってしまいました。

いや、人間が勝手に計画するとうまくいかない、という事実も、「見えざる手」の働きなのかもしれませんね。

平等がやる気を失わせた

社会主義では、資本主義社会のような格差をなくすため、労働者は平等に扱われました。仕事ごとに給料の額が定められ、その仕事に就いている人の給料は同じになったのです。

実際には一部の共産党の幹部だけが贅沢《ぜいたく》な暮らしをしていたのですが、建前としては、国民みんなが平等ということになりました。

これは素晴らしいことのように思えたのですが、実際にはうまくいきませんでした。働いても働かなくても給料は同じなので、一生懸命働く人がいなくなってしまったのです。

商店では、お客が来ても来なくても給料は一緒。それなら、店員はお客の来ない方が仕事は楽です。商店のサービスは最低となり、お客はうるさがられることになりました。お客は店員に頼み込んで買い物をする羽目になってしまったのです。

以前まだ中国にいまのような民間企業が存在していなかった頃、私は香港《ほんこん》から深圳《しんせん》に

社会主義経済
没有
（メイヨー）

社会主義市場経済
努力工作
（ノーリーゴンツァ）
SALE

入りました。深圳がまだ発展する前のことです。商店で店頭に並んでいる商品を買おうとしたところ、店員は一言「没有《メイヨー》」。ないよ、という意味です。目の前に商品が陳列してあるのに、「ないよー」と言い張る。言った店員は仲間とのおしゃべりに夢中。客に邪魔されたくなかったのですね。そうか、社会主義国家とはこういうものなのか、と実感したのです。

ただし、その後の中国は、「働けば働いただけ収入が増える」という資本主義の方法を導入したので、サービスははるかによくなりましたが。のちほど解説します。

資本主義経済では、他の企業との激しい競争に負ければ企業が倒産してしまいますから、新商品の開発に必死になります。社会主義経済では、倒産はありませんから、必死になって商品開発に力を入れようという意欲は起きません。古い商品がいつまでも売れ続けたのです。

西ドイツと東ドイツの格差

資本主義と社会主義の、どちらが経済を発展させるか。その結果を見せつけたのが、東西ドイツでした。

ドイツは、第2次世界大戦で敗北して、東はソ連に、西はアメリカなどに占領され、そのまま別々の国として独立しました。同じ国民が、資本主義と社会主義に分かれたのです。その結果、同じ文化と同じ言葉を持った同一民族が、経済体制が違うとどうなるかという、まるで実証実験のようなことになったのです。

ドイツの首都はベルリンなので、東ドイツの中になってしまいましたが、ここも東西に分割され、西ベルリンは西ドイツに所属しました。

すると、東ドイツの国民たちが、自由を求めて西ドイツに逃げ出そうとします。ベルリンの中で、東から西へと逃げ出す市民が相次いだのです。いったん西ベルリンに入ると、列車や飛行機で西ドイツ本国にも行けたからです。東ドイツは、社会主義体制を強制的に作り出すため、国民の自由な言動を規制し、これを東ドイツの国民が嫌ったのです。

これを防ぐため、東ドイツ政府は、ベルリンを東西に分ける「ベルリンの壁」を築きました。他国の侵略を防ぐための壁ではなく、自国民が逃げ出すのを防ぐ壁を築いたのです。

東ドイツの経済は社会主義を採用したためうまくいかず、不満を持つ国民を弾圧したことで、国民の不満は高まり、ついに１９９０年、東ドイツという国は消滅。西ドイツに吸収されました。統一ドイツの誕生です。そこで両国の国民が見たものは、東西の圧倒的な経済格差でした。

東西ドイツに分かれていた時代の自動車工場は、東西別々の会社になっていました。東西が一緒になったところ、東ドイツの会社は、東ドイツができてまもなく生産を始めた自動車を製造し続けていたのです。「トラバント」という名前の自動車は、ドアの一部に段ボールが使われている始末。排気ガス対策もできておらず、走ると猛烈な黒煙を吐き出しました。

一方、西ドイツの自動車会社は、フォルクスワーゲン、ベンツやアウディ、ＢＭＷなど、世界に冠たる高級自動車を製造していました。社会主義経済になると、新商品の開発がほとんど行われない、技術開発が進まないという現実が明らかになったのです。

東ドイツは、東ヨーロッパの社会主義諸国の中では一番経済が発展していたのですが、それでも西ドイツとの経済格差は激しく、東西ドイツが統一されて30年以上経《た》ったいまでも、ドイツ国内では大きな格差が存在します。

東西ドイツ以外にも、第2次世界大戦後、朝鮮半島には社会主義の北朝鮮（朝鮮民主主義人民共和国）と、資本主義の韓国（大韓民国）が成立しました。2つの国家に分裂する前の朝鮮半島は日本の植民地でした。朝鮮半島の北部は山が多くて、山に降った雨や雪で川の水量が豊富。日本はここに水力発電所のダムを建設して電力を使う工場を建設しました。北部は工業地帯になっていたのです。

一方、南部は温暖な気候を利用して農業地帯にしていました。朝鮮半島がひとつにまとまっていたときは、これでよかったのですが、2つに分裂した結果、北朝鮮は進んだ工業国、韓国は遅れた農業国としてスタートしました。

ところがいまや韓国は日本と経済力を競う先進国になった一方、北朝鮮は毎年のように餓死者も出る悲惨な状態に陥っています。

資本主義経済と社会主義経済。どちらが発展するかは、こうした思わぬ〝実験〟によって答えが出たのです。

ここでも「見えざる手」にやられてしまったのでしょうか。

中国は「社会主義市場経済」

社会主義諸国の多くは、1990年から1991年にかけて姿を消し、資本主義経済を取り入れました。2024年現在、存続している社会主義国は、中国、北朝鮮、ベトナム、ラオス、キューバのみです。

この中で中国だけは、違う道を取りました。「社会主義市場経済」という新しい道です。これは、国家の権力は、これまで通り中国共産党が握り続けるけれど、経済は「市場経済」にする、というものです。

「市場経済」とは、「需要と供給」の関係にすべてを任せるというもの。つまり資本主義そのものなのですが、これを中国共産党は、「社会主義市場経済」と名づけたのです。

要は、伝統的な社会主義経済が失敗したことを認めると中国共産党の責任になるので、「社会主義」の看板は下ろさないまま、資本主義を取り入れたというわけです。

その結果は、むき出しの資本主義経済になりました。金持ちは一層金持ちになり、貧しい人は、そのまま取り残されるという状態になったのです。

日本のような資本主義経済の国では、労働者が弱い立場に置かれてしまうので、労働者の権利を守る法律があります。労働者たちが団結して自分たちの権利を守る労働組合という組織もあります。

ところが中国は「社会主義」の国家という建前で、「労働者の権利が守られている国」のはずなので、わざわざ労働者を守ろうということになりません。形ばかりの労働組合はありますが、いずれも共産党の管轄《かんかつ》下にありますから、労働者の権利を守って経営者と対立するようなことはありません。

その結果、労働者たちは、権利を守られないまま、働かされることになったのです。

しかも中国には、共産党や政府を批判できるような言論の自由はないので、労働条件がひどい事実は報道されません。報道されないことは存在しないのと同じこと。労働条件が改善されないまま、貧富の格差が拡大しているのです。

それでも、あまりに格差が広がってしまったため、習近平《しゅうきんぺい》国家主席は「共同富裕」という言葉を使うようになりました。「みんなが豊かに」という意味ですが、実際には金持ちに対して「国に寄付をしろ」という強制を始めた結果、経営者たちがやる気を失ったり、海外に逃げ出したりという状態になり、中国経済は大きく落ち込んでいます。

ここでも「見えざる手」が働いています。

ちなみに、2024年ノーベル経済学賞は、ダロン・アセモグル、ジェイムズ・ロビンソン、サイモン・ジョンソンによる「社会制度が国家の繁栄に与える影響」についての研究に授与されました。社会制度というのは資本主義や社会主義のことです。経済学ではこのような研究も進めているのですね。

第5章　資本主義も「社会主義」を取り入れた

資本主義の矛盾を改善した

第2次世界大戦前にソ連という国が成立し、第2次世界大戦後は、東ヨーロッパや中国でも社会主義国家が次々に誕生したことは、アメリカや西ヨーロッパの資本主義国の政府にとって衝撃的なことでした。マルクスの予言通り、世界中の国々が社会主義になるかもしれないと恐れたのです。

資本主義経済では、不景気や恐慌が発生するたびに大勢の失業者が発生して、社会は不安定になります。労働者たちが労働組合を結成して、政府に反対する運動を展開します。この運動の中から共産党のような政党も誕生して成長します。

そこで、労働者たちの運動が社会主義革命に発展しないように、労働者の不満を解消する必要が出てきました。資本主義の国でも、社会主義に対抗するために、「社会主義的」な政策をとるようになるのです。

労働者の働く権利を守るための法律ができました。長時間労働を禁止したり、最低賃金制（最低でもこれだけの賃金を払わなければならないという決まり）を制定したりして、不満の解消に努めたのです。

労働組合が結成されて労働者の権利を求める運動を続けることで、労働条件も改善され、労働者が社会主義革命を求めるようなことが次第になくなっていきました。

「ケインズ経済学」を利用した

恐慌が発生すると、経済も悪化し、労働者の不満も高まります。社会主義革命を防ぐためにも、恐慌対策が必要になります。

その際に使われたのが、イギリスの経済学者ジョン・メイナード・ケインズの理論で、「ケインズ経済学」と呼ばれます。

経済が悪化して、不況が深刻になり、恐慌になるかもしれないようなときは、政府が積極的に支出をするべきだ、という理論です。

不況になるのは、商品を作りすぎて売れなくなったから。つまり、需要に対して供給が多すぎたのが原因。そこで、それまでの経済の「常識」では、供給側の会社が倒産し、供給が減ることで、需要と供給のバランスがとれ、経済は再び回復する、と考えられてきました。

これに対してケインズは、供給が多すぎたのなら、その分だけ需要を増やせばバランスがとれると考えたのです。

では、需要を増やすにはどうすればいいのか。政府が積極的に支出を拡大するのです。政府が公共事業を増やし、道路や橋を建設すれば、それだけ建設業者の仕事が増

建設業
鉄鋼業
公共事業
商店街
商店・飲食店
セメント業

えます。道路や橋の建設に必要な鉄やセメントなどの需要も増えます。
新しい道路ができれば、道路を通る人向けの新しい商店や飲食店も増えます。
こうして経済が拡大すれば、経済を不況から脱出させることができると考えたのです。

政府が借金する

公共事業を増やすためには、政府がそれだけの支出をしなければなりません。そのための費用を税金で集めたのでは、国民のお金を政府が吸い上げることになり、国民の需要は増えません。税金ではなく、政府が借金をして支出すればいい、ということになります。政府の資金を管理することを「財政」といいます。財政の支出を積極的に活用するという意味で、「財政出動」と呼びます。

政府の借金とは、「国債」を発行することです。国債とは国の借金。政府が、「○年後に利子をつけて返します」と約束して、国債を国民に買ってもらうのです。期限が来たら、国債を買ってくれた人に利子をつけて返済します。

誰が国債を買うのか

政府が財政出動して景気を良くすれば、利益が上がる会社や個人が増え、国の税収(税金による収入)が増えます。増えた税収で、国債による借金を返済すればいい、という考えです。

ケインズは、「見えざる手」の動きを研究し、人間の行動によって、「見えざる手」の働きを利用しようとしたのですね。

ところが、景気が良くなって税収が増えると、「増えた税収でもっと公共事業を増やしてほしい」「増えた税収で福祉を充実してほしい」という要求が国民から寄せられるようになります。財政出動を決めたり、国債の発行・返済の方針を決めたりするのは政治家ですから、次の選挙のことを考えると、国民の要求を拒否することができません。

国債を発行して景気を良くしても、国債の返済はなかなか進まないのです。その結果、国の借金は増え続ける、ということになります。

欠点を防ぐ規制も導入された

資本主義は、自分たちの利益を追求する企業や個人が激しく競争する経済です。その結果、強い企業はより強く大きくなり、弱い企業は消えていく、という弱肉強食の世の中でもあります。

しかし、それが行き過ぎると、国民の不満は高まり、労働運動も激化し、不安定な社会になってしまいます。資本主義経済を長続きさせるためには、資本主義経済の欠点を補う必要があると考えられました。

ケインズ経済学の応用もそうですし、過当競争を制限する制度も生まれました。

企業同士が競争することで、品質の良い商品や快適なサービスが生まれますが、競争に負けた企業が姿を消し、1社だけの独占状態になりますと、困ったことになります。独占企業は、有利な立場を利用して、商品価格やサービス料金の値上げをするかもしれません。お客は、他の会社がない以上、しぶしぶそんな商品やサービスを買うことになります。

企業間競争は消費者にとっていいことですが、競争の結果、寡占《かせん》や独占が生まれると、消費者にとっては悪いことが出てくるのです。そこで、ひとつの産業の中で、1社だけで独占的な地位を得ないようにしたり、独占状態の企業が勝手なことをしないようにしたりする法律が生まれました。前にも述べた独占禁止法です。

また、弱い立場の企業を守るための法律も生まれました。たとえば、日本の「大規模小売店舗法」（大店法）です。

小さな商店街の近くに巨大なスーパーが誕生すると、商店街が大打撃を受けるので、商店街の言い分も聞いて、スーパーの規模や営業時間を制限する、という法律です。

日本は「社会主義」だった？

こうした規制がたくさん生まれた結果、規制を決めたり守ったりする立場の役人たちが強い権限を持つようになりました。

また、大店法によって保護された中小の商店街が、自力で生き抜いていこうという健全な競争力を失い、次第に停滞してしまったという批判もあります。全国各地に、昼間からシャッターを下ろしたままの商店が増え、商店街は「シャッター通り」と呼ばれてしまうようになったのです。

弱い立場の者を保護するという考え方自体は悪いことではありませんが、その結果、日本国内には、自力で戦っていくという精神や体力が失われ、緩やかに衰退を続ける産業や企業が増えてしまったのではないかという指摘があるのです。

この様子が、平等を追い求めたために衰退した社会主義国を思い起こさせることから、「日本は社会主義国だった」という声が上がるほどになったのです。

第6章　資本主義が勝った？——「新自由主義」の誕生

「資本主義が勝った」？

１９９０年代以降、社会主義諸国の政権が次々に崩壊し、資本主義経済をとるようになったことで、「社会主義との戦い（競争）に資本主義が勝った」というムードが世界に広がりました。

その結果、社会主義との競争の中で資本主義経済の中にも取り入れられていた「社会主義的要素」も取り除こうという動きが広がります。

そのお手本になったのが、１９８０年代にイギリスとアメリカで実施された政策でした。イギリスのマーガレット・サッチャー首相の「サッチャリズム」、アメリカのロナルド・レーガン大統領の「レーガノミクス」です。

イギリスの「ウィンブルドン化」

イギリスは、それまで「社会主義」的な政策を採用してきました。労働組合の力が強く、労働者の権利が守られてきたのです。

たとえばイギリスの国鉄が電気機関車を導入しようとした際は、それまで蒸気機関車で石炭を焚《た》いていた人の仕事がなくなってしまうと労働組合が反対しました。その結果、電気機関車になっても、石炭を焚く人が機関車に乗り組んだのです。もちろん仕事はありません。ただ機関車に乗っているだけで給料がもらえたのです。

こうしたことが、イギリスの経済界のさまざまな場所で行われていたため、イギリスの経済は停滞。これは「英国病」と呼ばれました。

「鉄の女」と呼ばれるほど強い意志と実行力を持ったサッチャー首相は、これに危機感を持ち、労働組合の反対を押し切って、国営企業を次々に民営化しました。

国営企業だと、社会主義の企業と同じで、倒産の心配がありません。一生懸命働くという意欲に欠ける職員が増え、業務が停滞していました。サッチャー首相は、民営化で経済の効率化を進めました。社会主義国の二の舞を防ごうとしたのですね。

さまざまな分野で規制緩和も進めます。外国の金融機関でもイギリスで自由に仕事ができるようにしたことで、イギリスの金融機関は、外国の金融機関に買収されたりして、姿を消してしまいました。それでも、外国の金融機関がロンドンで仕事を拡大したことで、金融機関で働くイギリス人の数はかえって増えました。

この様子は、「ウィンブルドン化」と呼ばれました。イギリスのウィンブルドンで行われるテニスの世界大会では、地元のイギリス人はほとんど活躍しないで、世界中の一流プレーヤーたちが大活躍。同じようにイギリスの金融界でも、イギリスの企業が姿を消して、世界の金融企業が活躍するようになった様子を、テニスの大会になぞらえたのです。

レーガン大統領の「小さな政府」

アメリカも、レーガン大統領が就任した頃には、不況に苦しんでいました。レーガン政権は、国家が経済に口を出すことが、かえって経済を停滞させると考え、「小さな政府」を打ち出しました。

それまでのケインズ経済学にもとづく政策では、財政出動で景気回復を図ろうとしていました。また、労働者の権利を守り、給料を下げないようにすることで、消費意欲を刺激して、経済を活性化しようとしていました。

その結果、政府の役割が大きくなり、さまざまな規制も増えていました。これを「大きな政府」と呼びます。

レーガン政権は、これを否定し、政府が口を出さず、民間の活力に任せることが必要だと考えました。政府の役割が小さくなるので、「小さな政府」と呼ばれます。

レーガン政権の政策としては、たとえば、アメリカの航空業界の規制緩和です。大手の航空会社以外にも、新しく定期航空路に進出する会社を認めたのです。規制緩和に反対する政府の航空関係者はどんどん解雇して、緩和を推進しました。

この改革により「格安航空会社」が続々と誕生し、アメリカの航空運賃は劇的に値下がりしました。「運賃が下がったのなら自動車をやめて飛行機で移動しよう」と考える人も出てきて、航空利用客は激増しました。

中曽根政権の民営化政策

当時、日本でも中曽根康弘《なかそねやすひろ》首相が、サッチャーやレーガンのような政策を日本に取り入れようと考えました。そこで踏み切ったのが、電電公社や国鉄の民営化でした。

それまで日本の電話や電報は、日本電信電話公社（電電公社）という、国営企業ではないけれど、民間企業でもないという中間的な企業が独占していました。

中曽根内閣は、電電公社を民営化するとともに、他の民間の会社も電話事業ができるようにしたのです。こうして電電公社はＮＴＴに生まれ変わりました。

その後、ＮＴＴは東日本や西日本、コミュニケーションズなど別々の会社に分割され、相互に競争するようになりました。また、その後サービスが始まった携帯電話もＮＴＴドコモやＫＤＤＩ（ａｕ）、ソフトバンクなどによる競争が進み、電話料金は劇的に下がりました。サービスもよくなったのです。

また、中曽根政権の時代に国鉄（日本国有鉄道）も民営化されました。ＪＲ東日本やＪＲ東海、ＪＲ貨物など7社に分割されました。

それまでの国鉄は、職員の中に「国の会社だから倒産しない」という意識があり、お客にサービスするという考えが希薄でした。民間企業になることによって、大きく変化したのです。

駅もきれいになり、新型車両が導入されました。ターミナル駅の中にショッピング街や飲食店街が誕生。スイカ（Suica）などＩＣチップを入れたカードで改札を通れるようになるばかりでなく、買い物までできるようになりました。その変化の大きさには、驚かされるばかりです。

「新自由主義」の時代へ

サッチャリズムやレーガノミクス、中曽根政権の手法は、まだ社会主義諸国の政権が崩壊する前のことでしたが、資本主義内部に取り入れられた「社会主義」の要素を取り除いていこうという試みでした。

その後、社会主義諸国が崩壊に追い込まれると、「社会主義」の要素のない純粋な資本主義こそ強い経済をもたらす、という考え方が広がるようになりました。これを「新自由主義」と言います。

これまで見てきたように、市場経済の資本主義では、アダム・スミスが指摘したような「見えざる手」によって経済が動いてきました。放っておけば経済はひとりでにうまくいくという考え方でした。

ところが、人間が政策で関与しないで放任しておくと、景気循環によって恐慌を引き起こすなど、人々にとって残酷な結果をもたらすこともありました。

市場にすべてを任せるのは、「自由放任」であり、これは「自由主義」として批判を受けるようになったのです。

その欠陥《けっかん》を補うものとして、ケインズ経済学による「大きな政府」が登場しました。

しかし、これはこれで、社会主義のような非効率をもたらすとして批判されました。

そこで登場した市場経済優先の経済は、現代の新しい「自由主義」という意味で「新自由主義」と呼ばれました。ここまでに紹介してきたサッチャー、レーガン、中曽根政権のやり方のことです。

「見えざる手」の働きを、現代に生かそうという試みなのです。

社会主義政権が相次いで崩壊した後の１９９０年代には、この新自由主義が世界に広がりました。

小泉政権も「新自由主義」だった

２００５年に「郵政民営化」を推進した小泉純一郎首相の政府も、新自由主義の方針をとり、さまざまな規制を緩和しました。とりわけ、国営事業だった郵便局の仕事を民営化したことは、国民の間で大きな議論を呼びました。

郵便を配達し、郵便貯金を受け入れ、簡易保険を引き受ける。これは何も国家公務員がしなくてもすむはずだ。民間企業が競争すれば、国民にとってより良いサービスが提供できるはずだ。これが小泉首相の考えでした。

ただ、電電公社や国鉄は地域ごとに分割されて民営化されましたが、郵便事業の場合、郵便貯金、簡易保険は事業ごとに分けられただけで、全国をカバーする巨大な民間会社に生まれ変わりました。

郵便事業を全国くまなくカバーすることは費用のかかることなので、利益追求の民間企業になった結果、過疎地帯でのサービスが低下しているという批判も出ています。

デパートやスーパーの営業時間も延長された

従来の商店街を守るために作られた「大規模小売店舗法」も、「大規模小売店舗立地法」に改正されました。大型スーパーなどが、これまでより各地に進出しやすくなったのです。

さらに、デパートやスーパーの営業時間も規制が緩和されました。以前のデパートやスーパーは、週に必ず1日は休みとなり、営業時間も早く終了していました。ところが現在は、年中無休で営業しています。営業時間が夜10時までという店も増えました。スーパーの中には24時間営業の店も出現しました。これも、規制緩和が進んだからです。

消費者にとってはとても便利になりましたが、深夜まで働くことになった社員やパートの人たちの労働条件は悪化しました。

地方には巨大なショッピングセンターができました。公共交通機関の少ない地方では、多くの人が車でショッピングセンターに買い物に行くようになり、中心部のシャッター通り化は一段と進んでいます。まさに「弱肉強食」という言葉を思い出します。

「グローバリゼーション」が広がった

社会主義政権の相次ぐ崩壊で、「資本主義が勝った」「新自由主義の勝利だ」という風潮が世界に広がり、「市場経済はいいことだ」「規制をなくしていこう」という動きが広がりました。

この動きは、「グローバル資本主義」や「グローバリゼーション」と呼ばれます。市場経済は国際化します。自国の産業を守るためのさまざまな規制をなくし、外国の企業が自由に進出できるようにすることが、自国経済の発展のためにもいいことだという考え方を各国政府が持つようになります。

国際貿易も活発化しました。しかし、中国など人件費が安い国で生産された商品が輸入されるようになると、価格の安さで圧倒的な強さを誇り、先進国で製造される商品が価格競争で敗北。先進国では、やっていけなくなる産業が相次ぎました。こうした産業で働いていた人たちは失業してしまったのです。

先進国の産業が、人件費の安い国と競争していくためには、製造原価を下げなければなりません。そのために、正社員の代わりにパートやアルバイトなど人件費の安い人たちを雇うようになりました。正社員と、それ以外の人たちの経済格差が拡大したのです。「労働力」の供給側は、世界規模で競争相手が出現したために、「労働力」の原価を下げなければやっていけなくなりました。

「見えざる手」が働いたのです。

ワーキングプアと呼ばれる人も

いくら働いても、受け取れる賃金はごくわずかで、生活保護を受けるのと大差ない給料しかもらえない人たちが増大しました。「働いているのに貧しい」という意味で、「ワーキングプア」と呼ばれます。

かつて石川啄木《いしかわたくぼく》が、

「はたらけど
はたらけど猶《なほ》わが生活《くらし》楽にならざり

ぢっと手を見る」

とうたった通りのことが、現代でも再現されているのです。

石川啄木は自分の手を見ることができましたが、「グローバル資本主義」が世界に広がったことで、「見えざる手」が世界規模で働くようになり、世界全体での格差拡大につながりました。

アメリカでも問題が

新自由主義やグローバル資本主義発祥の地のアメリカでも問題を抱えています。

レーガン政権による航空業界の規制緩和は、利用者にとっては大変な朗報でした。ところが、格安航空会社に価格競争で負けた大手の航空会社は相次いで倒産しました。

格安航空会社は、「航空業界で働ければ給料が安くてもいい」という人たちを採用して、低賃金で人件費を節約。経費節減で競争力をつけました。

大手の航空会社も対抗して航空運賃を下げるためには、社員の給料を下げなければなりません。この点は、先進国の製造業の社員が人件費の安い開発途上国と競争するために給料を引き下げられるのと同じ構図です。

かつて航空会社の客室乗務員といえば、給料が高く、花形の職種でしたが、アメリカでは、賃金が高くないまま重労働の仕事になってしまいました。

第1章で、日本の銀行員の給料が高かったこと、放送局の正社員の給料が高いことを取り上げましたが、競争が激化すると、アメリカの客室乗務員と同じようなことが起きたのです。

航空会社同士の競争が激化して、負けた会社が倒産することで、航空路線の中には、競争相手のいなくなったものが出現しました。すると、1社だけになった路線では、航空運賃を値上げしたのです。

こうして、競争激化で寡占《かせん》や独占が進むと、消費者のためにならないという、古典的な事態が発生しました。

さらに、格安運賃で航空便を飛ばすために経費節減を進めた結果、飛行機の整備など安全確保の費用を切り詰めて、整備不良が原因の事故も多発するようになりました。「安かろう、悪かろう」という状態が起きるようになったのです。

「産業の空洞化」でトランプ現象に

グローバル化が進み、アメリカの自動車メーカーが工場を人件費の安い海外に移したことで、アメリカ国内の工場が次々に姿を消しました。

また鉄鋼メーカーも、日本や韓国の安くて品質のいい鉄鋼が入ってきたことで、経営が苦しくなりました。

とりわけ北東部の五大湖の周辺に立地していた各種の工場は、施設を残したまま働く人がいなくなりました。この地域は「ラストベルト」（錆《さ》びた地域）と呼ばれるようになりました。これを「産業の空洞化」といいます。ここに目をつけたのがドナルド・トランプ氏でした。

２０１６年の大統領選挙でトランプ氏は、この地域に足を運び、「自分が大統領になったら、外国製品に高い関税をかけてアメリカに輸入できにくくして、国内の産業を守る。君たちの職場は私が守る」と約束しました。

これが「アメリカ・ファースト」です。要はアメリカの産業を守るためには世界の貿

America First!
ラストベルト
国内の産業を守る
外国の製品に高い関税をかける

易秩序はどうなっても構わないというものです。

これがアメリカの労働者たちに受けて、大統領に当選しました。その後の4年間は、予測不能のトランプ大統領の振る舞いに困惑した人たちが多く、2020年の大統領選挙では敗れましたが、2024年の選挙で復活しました。「アメリカ・ファースト」とは、グローバル化に反対すること。世界経済がグローバル化したことに対する反発の気持ちを掬《すく》い取《と》ることに成功したのです。

資本主義経済はグローバル化を進めますが、それに対する抵抗もまた高まる。これが、いまの世界経済なのです。

第7章　「株式会社」って何だろう？

市場経済を支える要のしくみ

市場経済に任せることでうまくいくこともあれば、失敗することもある。市場経済で生き抜いていくことは、なかなか大変なことです。それでも、多くの人々が、市場経済の中で仕事をしてきました。その際、大きな働きをするのが株式会社です。

株式会社は、個人では実現できないような大きな事業を推進するために生まれ、成長してきました。私たちが暮らす資本主義社会は、まさに株式会社によって成り立っているのです。その仕組みはどうなっているのか、ここで見ておきましょう。

大勢から資金を集める株式会社

あなたが、新しい事業を始めようとします。工場や本社ビルを建て、従業員を雇う。

多額の資金が必要ですね。あなたが大金持ちであれば、それくらいのお金は出せるでしょうが、普通はそうはいきません。資金を集めることになります。

銀行など金融機関から資金を借りるのも、最初のうちはむずかしいものです。ある程度事業が軌道に乗っていれば、「これなら貸したお金を返してもらえそうだ」と判断して資金を貸してくれますが、まだ全体が見えない事業には、なかなか資金を貸してくれません。

そこであなたは、親類や友人たちから、少しずつ資金を出してもらうことにしました。この資金で事業を始め、利益が上がったら、利益の分け前を渡すことが条件です。利益の配分を受ける権利を「株」といいます。利益の分け前を「配当」と呼びます。権利を持っている人が「株主」です。資金を出したので、「出資者」とも呼ばれます。株主である証拠に「株券」を渡します。以前は本当に紙の株券だったのですが、いまはデジタル化が進み、紙ではなくなりましたが。

このように、株によって大勢から資金を集めて設立した会社が株式会社です。株という方式で資金を集めて設立した会社というわけです。

株式会社という方式が発明されたことで、個人ではできないような大きな事業に必要な資金を集め、大きな仕事ができるようになったのです。

リスク軽減の仕組みがある

新しい事業を始めるにはリスクがつきものですね。事業に失敗したら、有り金全部を失ってしまう危険性があります。

もしあなたが銀行から資金を借りることができても、そのためには担保が必要です。自宅を担保に金を借りると、事業が失敗したら、会社がつぶれるばかりでなく、住む自宅も失ってしまうかもしれません。すべてを失うリスクがあるのです。

「新しく事業を始めるから、共同事業主になってくれ。ついては資金を半分出してくれ」と言われても、怖くて資金を出せません。

ところが、株式会社制度だと、出資した人（つまり株を買った人）は、出資した分だけ（株を買った分だけ）リスクを背負えばいいのです。最悪でも株券が紙くずになるだけです（それでもいやなことですが）。

出資者に無限の責任を負わせることなく、リスクを限定する。これが株式会社の画期的な特徴です。これなら、リスクを冒《おか》して資金を出してくれる人や会社も出てきます。

船を建造し船長を雇ったのが始まり

世界で最初の株式会社は、1602年にオランダで設立された「東インド会社」だといわれています。当時のヨーロッパでは、肉を保存するのに必要なコショウなどの香辛料が大人気。東南アジアでコショウを買い集めてくることができれば、大もうけできたのです。しかし、東南アジアはヨーロッパから遠く、往復には大変な危険が伴いました。うまくいけば大もうけ、失敗すれば大損害だったのです。ところが、株式会社の仕組みなら、「うまくいけば大もうけ、失敗してもそれなりの損」ですみます。

ヨーロッパの商人たちが資金を出し合って船を建造し、船長を雇います。船長が乗組員を集めて出航します。これが株式会社です。資金を出し合った商人たちが株主で、船が会社、船長が社長で、乗組員が社員たち、というわけです。

リスクを抑えながら金もうけを狙う。この株式会社の仕組みが大成功したことで、各国が「東インド会社」を作り、その後、産業革命が起きたヨーロッパでは、工場や鉄道の建設に必要な資金を株式会社方式で集めることができました。ヨーロッパ発展の秘密は、株式会社という仕組みにあったのです。

間接金融ではなく、直接金融

株式会社が株を発行して資金を集める方法を「直接金融」といいます。人々から資金を直接集めるからです。

これに対して、銀行など金融機関から資金を借りるのは「間接金融」といいます。人々が、いったん金融機関にお金を預けた後、その資金を貸してもらうという間接的な手法になるからです。

株式会社が新しい事業を始めるのに必要な資金を集めるのにも、この2つの方法があります。新たに株を発行して買ってもらうという直接金融と、金融機関から資金を借りるという間接金融です。

間接金融ですと、借りた資金に利子をつけて返済しなければなりません。これに対して直接金融ですと、株の発行で得た資金を返す必要はありません。とても有利なのですね。

ただし、利益が上がったら配当を払わなければなりませんから、後々に負担が重くなる可能性があります。

また、売り出した株を買い占めた人が、大株主として、会社経営に口を出してくる可能性もあります。これについては、この後、取り上げましょう。

株式市場が生まれた

株式会社の株主は、その会社が利益を上げれば、配当を受け取ることができます。株を持っていることで、定期的にお金が入ってくるのです。

そうなると、その株を買いたいという人が出てきます。「配当を受け取る権利」が売買されるようになるのです。

持っている株の会社が大きな利益を上げれば、配当も増えますから、その会社の株は人気が上がります。株が高く売れるのです。会社が損害を出せば、反対に株の値段は下がります。

ということは、大きな利益が上がりそうな会社の株をあらかじめ買っておいて、株の値段（株価）が上がったところで売れば、もうけることができますね。株の売買でもうけるチャンスが生まれたのです。

株を売買する市場が、「株式市場」です。株は「証券」ともいいますので、株式市場のある場所は「証券取引所」と呼ばれます。ただし、日本の東京証券取引所などは、株の売買が完全にコンピューターで行われていますから、証券を取引している、というイメージはありません。取引の様子をコンピューターで監視している人たちがいるだけになっています。

株は、どれでも株式市場で売買されているというわけではありません。株の発行数や株主の数、利益の状態など、さまざまな条件にパスした会社の株だけが取引されていきます。株式市場で売買されるようになることを、「上場」といいます。「株式市場に上がる」という意味ですね。

需要
買いたい
供給
売りたい
株価
上昇
需要
買いたい
供給
売りたい
株価
下落

「見えざる手」で株価は上下

利益が上がりそうな会社の株をあらかじめ買っておけばもうかる、という話をしましたが、これは誰でも考えること。「利益が上がりそう」だとみんなが思えば、その時点で値上がりしてしまいます。実際に利益が上がったという発表があっても、「そんなこと知っているよ」という人ばかりだと、株価は上がりません（これを、「株価に織り込みずみ」といいます）。

つまり、株の値段の上下は、簡単には予測がつかないのです。みんなが「値上がりする」と思えば、その通りに値上がりしてしまい、それ以上は上がらないかもしれません。「値上がりする」と思って買った途端、むしろ値下がりして、損してしまうかもしれないのです。「お金をもうけたい」という個人や会社のさまざまな思惑が入り乱れることで、株価は予想がつかない動きをするのです。

株を買いたい人が増えれば需要が拡大。売りたい人が増えれば供給が増大。ここでも「需要と供給」の関係で株価が動きます。

株価の変動は、まさに「見えざる手」の導きによって起きているのです。

会社は誰のものか？

さて、では、株式会社は誰のものなのでしょうか。

株式会社は、株主が資金を出してくれたことによって設立されましたから、株主のもの、ということになります。世界で最初に株式会社が誕生したときのことを思い出せば、それは明らかですね。資金を出し合って船を建造した商人たちのものだったのです。

ところが、株は、やがて最初の株主の手を離れて、さまざまな人々によって売買されます。たまたま株を買った人が株主になるのですが、この人たちに、「会社は自分たちのもの」という意識が、どれだけあるでしょうか。中には、単に金もうけの手段として株を手に入れただけ、という人もいることでしょう。そうした人たちの中には、金もうけできれば会社がなくなっても構わないと考えている人たちがいるかもしれません。

その一方で、その会社で長く働いている従業員たちは、会社の株を持っていなくても、「会社は自分たちのものだ」という強い意識を持っているでしょう。

それでは、株式会社がどのような支配構造になっているのかを見ておきましょう。

株主総会が最高意思決定機関

株式会社の仕組みを日本の政治にたとえてみましょう。日本の政治は、国民の代表である国会議員が、国会で総理大臣を選び、総理大臣が内閣をつくって、国民のための仕事をする（はずですね）仕組みになっています。

日本という国の最高意思決定機関が国会であるように、株式会社の最高意思決定機関は株主総会です。少なくとも年に1回は株主たちが集まって総会を開き、その会社の今後の方針を審議します。方針決定は、多数決で決まります。

ただし、日本の国会での多数決は、議員1人が1票で集計されますが、株主総会では、持っている株の比率で決まります。たとえば1人で過半数の株を持っている人がいれば、その人の判断で決まる仕組みになっているのです。

株主総会が取締役たちを選びます。株主総会の後、選ばれた取締役たちが取締役会を開いて、自分たちの代表である代表取締役を選びます。この代表取締役が、通常は「社長」と呼ばれます。

日本の国会は総理大臣を選び、総理大臣が内閣をつくりますが、株式会社は、取締役会という、いわば「内閣」を選び、この「内閣」が「総理大臣」を選ぶ形をとります。この点は逆ですね。

社長より上の「会長」も代表取締役として選ぶ会社もあります。会長も社長も代表取締役である場合は、会長の方が「えらい」ということになります。会長はいても、社長だけが代表取締役だったら、会長はいわば「ご隠居さん」で、社長が一番の責任者です。

もし代表取締役に問題があったら、取締役会が辞めさせることもできることになっています。過去には実際にワンマン社長を辞めさせた例もあります。

ただし、取締役たちは、社長や会長に選ばれているのが現実です。社員の中から、社長や会長が取締役としてふさわしいと考えた人を「取締役候補者名簿」に載せて株主総会に提案するのです。

取締役たちにすれば、「自分を取締役に引き上げてくれたのは社長」という思いがありますから、社長に逆らえないのが実態なのです。

でも、これでは社長の暴走を誰も止められないので、その会社で社員だったことがない人物を「社外取締役」として選び、株主の代理として経営に目を光らせてもらう、という会社が増えてきました。社外取締役は、その会社とのしがらみがないので、厳しい意見を言うことができる、というわけです。

株式上場で会社は「社会のもの」に

こうした株式会社の支配構造を見ますと、建前としては、株式会社は株主のもの、ということになります。そしてこの株主は、株を買えば誰でもなれるのです。

株式市場への上場を、英語で「Go public」（公のものになる）といいます。上場されれば誰でも株主になれる、という意味です。株式会社は、上場することで社会のものになったのです。それだけに、株式会社の経営者は勝手なことはできませんよ、というのが、この言葉の意味です。実際にはもうかっていないのに「もうかっている」とウソを発表したりすることは法律で禁じられています。

社会の誰でも株主になることができて、その株主が取締役たちを選ぶ。こう考えれば、会社は株主のものであり、少なくとも経営者のものではありません。まして、その経営者が採用した従業員たちのものでもない、ということになります。

しかし、従業員たちが、「会社は自分たちのもの」と思えなければ、仕事への愛着も湧きませんし、会社への忠誠心も生まれません。そんな会社が発展することもないでしょう。

そこで、会社は「ステークホルダー」（利害関係者）のものである、という考え方もあります。

株主はもちろん利害関係者です。でも、それだけではありませんね。会社の経営者は、全力で会社の経営に当たっています。会社が発展すれば、誇らしい気持ちになりますし、収入も増えるでしょう。それは、従業員も同じことです。

つまり、「株式会社は株主、経営者、従業員のもの」という考え方ができるのです。

株式会社は誰のものか、という問いには、こう答えるのが現実的な判断だと思います。いえ、そればかりではありません。株式会社は「社会のもの」でもありましたね。会社からは、毎日ゴミが出ることでしょう。水道や下水道も使っていますね。もし泥棒に入られたら、警察を呼ぶでしょう。まるで人間と同じような「社会的存在」としてあるのです。

そこで、こうした会社のことを「法人」と呼びます。「法律で人間と同じようなものとみなす」ということです。ですから、会社が利益を上げれば、国には法人税を納め、都道府県には法人事業税、市町村には法人住民税を納めているのです。

株式会社が売買される

株を上場している以上、過半数の株を買い占めれば、株主総会で自分の好きな人物を取締役に選ぶことができ、そこから社長を選ぶことができます。会社を買収できるのですね。

買収した会社を建て直し、もうかる会社にすれば、買収したときより高い値段で売ることも可能になります。株式会社そのものが、まるで「商品」のように売買されることも起きるようになったのです。

「アメリカの経営者は、どこの企業を買収しようか考え、同時に、どうすれば買収されないですむかを考えている」

こんな笑い話があるほど、アメリカでは企業買収が盛んです。企業買収のことを「M&A」と呼びます。「Mergers and Acquisitions」のことで、「合併と買収」です。企業の買収は、買収相手と合併の形をとることもあるので、こう呼ばれます。

日本の会社では、「買収されたら大変だ」という危機意識があり、仲のいい企業同士で相手の株を持つという、「株式持ち合い」が進みました。これなら、知らない人物や会社に買収されないですむ、というわけです。

新自由主義は株主重視

株式会社はステークホルダーのもの、という話をしましたが、以前に取り上げた新自由主義の考え方では、「株式会社は株主のもの」と割り切っています。株式会社は利益を追求する組織であり、利益が上がれば、それは株主に還元すべきだ、という考え方です。

この考え方にもとづいて、アメリカでは利益が上がると、まずは株主への配当を引き上げることを考えます。それをしないと、株主総会で、「株主のことを考えない取締役は必要ない」と追い出されるかもしれないからです。

そうなると、利益が上がっても、従業員の給料は据え置いて、株主への配当を増やすという会社が多くなってしまいました。

この傾向は日本でも強くなってきました。かつての日本企業では、「会社一家」という意識が強く、利益が出たら、まずは従業員の給料を引き上げて努力に報いようとしていたのですが、最近はアメリカ流に、株主への配慮を優先するようになってきたのです。

株主に配当を多く出すと、その会社の株は人気になって値上がりしますね。株が高くなれば、その会社を狙っている他の会社が株を買い占めるのに費用がかかり過ぎて、買収がむずかしくなります。

配当を多くして、自社の株価を上げることが、買収を防ぐことになる。株価を上げることで、会社を買い占めようという「需要」を減らそうとしているのです。

こういう思惑もあって、最近の日本企業は、利益が上がっても、従業員への還元は少しにして、配当金を増やすという傾向にあるのです。

グローバリズムの進展で、日本の企業の株を大量に買っている欧米の企業やファンドも多く、「会社は株主のものだから株主に利益を還元せよ」と要求するようになっていることも影響しています。

また、経営者も自社の株を大量に持っていますから、株価が上がれば、自分の資産も増えるのです。

その結果、大株主や経営者には巨額の利益が入ってくるけれど、従業員の収入は増えないということにもなります。こうしたことも格差の拡大につながります。

存在している会社には意味がある

こうしてみると、市場経済を支えている株式会社それ自体も、市場経済という「見えざる手」によって動かされていることがわかります。

株式会社は、「新しい事業を始めたい」という創設者の熱い思いから誕生したはずです。その会社が、創設者がいなくなっても存続することができているのは、人々が欲しがる商品やサービスを提供できているからです。

かつてドイツにヘーゲルという哲学者がいて、「存在するものは合理的である」と言いました。「社会に存在しているものは、何らかの合理的な理由があるから存在していられる」という意味です。日本には100年以上の寿命を持つ会社が3万3000社も存在します。長い歴史を持つ会社は、社会にとって有益な商品やサービスを提供しているから存続できてきたのです。

人々が欲しがる商品やサービスという「需要」に応える「供給」をしているから、存在しているのです。

社会にとって有益なものは、時代によって異なります。「豊田自動織機《とよたじどうしょっき》」という織物の機械を製造していた会社が、自動車という不思議な物を製造するようになったことで、いまの「トヨタ自動車」に成長しました。常に変化し続けることで、会社は存続し、成長するのです。

私たちの体を形成している37兆個（以前は60兆個とも言われましたが、現在はこちらが定説）もの細胞の1つ1つは、新しく生まれては死んでいく、というプロセスをたどっています。常に新しい細胞が生まれることで、私たちは存在できているのです。会社も同じことなのですね。

常に社会が求めるものを供給する。つまり、「見えざる手」が求めるものを手探りしながら、株式会社は生きているのです。

第8章 「社会のしくみ」は「経済のしくみ」

「市場の失敗」をカバーするのが政府だ

第6章で、「市場の失敗」を取り上げました。市場経済には、浅知恵の人間を上回る力があるけれど、時には失敗もするので、全面的に頼るわけにはいかないと書きました。では、「市場の失敗」は、どうカバーすればいいのか。そこで政府の出番なのです。

国家とは、そこに住む人たちの生存を守る組織です。その国家で、国民から選ばれて組織された政府が、国家の意思を代行して国民のための仕事をしています。

私たちが生きていく上では、とりあえず自分や家族、そして友人たちの力に頼っていくしかありません。しかし、世の中には、個人個人の力ではできないことも多数あります。それを実施するのが政府なのです。

治安維持も教育も政府の仕事

たとえば治安を守ることです。自分たちで武器を持って自分たちを守るには限界があります。治安を守るプロつまり警察官や検察官、裁判官、刑務所職員を雇って治安を維持した方が効率的です。火事が起きたときのためには消防士も必要です。こういう仕事を、もし民間企業に任せると、どんなことになるでしょうか。

「犯人を捜査してほしかったらボーナスをはずんでくれ」「火を消したかったら、出動手当を出してくれ」なんてことになったら大変です。こうした業務は、国民から税金を集めて専門職員を公務員として採用するのが、一番公平で効率的なのです。

教育もそうでしょう。個人で自分の子どもたちの教育をすることは可能でしょうが、社会全体の人々が読み書きできないと、交通ルールも理解できないし、会社で働くこともできないという人たちが続出する恐れがあります。法律が理解できない人たちばかりでは、治安が悪くなります。こう考えると、社会の人々にとって必要な最低限の知識・教養は、義務教育として政府が実施する必要があることがわかります。

社会保障も同じことです。個々人が老後に備えて貯金をするにしても、中にはそれができない人もいます。できない人たちにとって老後は悪夢です。「その前に荒稼ぎしておこう」と考える人が出たら治安は悪化します。自分の将来に不安を持たない人が増えれば、社会は安定します。

老後に備えることができない人たちのための年金制度や、医療保険、介護保険が充実することで、その社会は安定したものになります。

格差是正も政府の仕事

市場の失敗によって貧富の差が拡大すると、社会が不安定になります。治安も悪くなるのです。貧富の差を解消すること、格差を是正することは、治安を維持し、社会を安定したものにするために必要なのです。

「格差が拡大するのは、努力する人とそうでない人がいるから当然のことだ。格差があって何が悪い」

こう考える人もいることでしょう。しかし、格差が拡大して、将来に希望を持てない

警察
検察
裁判所
消防
治安維持
教育
自衛隊
社会保障
介護
年金
年金
医療

若者たちが犯罪に走れば、社会は住みにくいものになります。最近相次いでいる、若者による強盗事件を見ればわかりますね。金持ちは、厳重に警備された特別地区に住み、外出するときは警備員が同伴する。世界には、こうした国が現実に存在しますが、こんな状況は、決して住みやすいとは言えませんよね。

つまり、格差是正は、貧しい人を救うだけではなく、結局は金持ちにとっても住みやすい社会をつくることなのです。

「所得の再配分」は税金の制度による

格差是正の方法にはいろいろありますが、ごく一般的な方法は、税制（税金の制度）によるものです。所得の多い人から多くの税金を集め、所得の低い人からは、少ない税金か、あるいは全く税金を徴収しないのです。

所得が高くなればなるほど税率（税金の率）を高くしていく仕組みを「累進課税《るいしんかぜい》」といいます。

ここには、所得の高い人（つまり金持ち）は、社会の仕組みをうまく利用して高い所得を得ているのだから、その分、社会に対して果たすべき責任があるだろう、という考え方があります。この仕組みにより、極端な所得格差は、ある程度なだらかなものになります。

しかし、累進課税が極端だと、これもまた問題を引き起こします。極端な累進課税の場合、所得が高くなると、稼いだ分がみんな税金で吸い上げられてしまうからです。これでは、働く意欲が失われます。あまりに極端だと、金持ちを優遇する海外の国に逃げ出すかもしれません。

会社の経営者など国の経済にとって欠かせない人材は高い所得を得ている可能性が高いので、この人たちが働く気を失ったり、海外に逃げ出したりしたら、経済全体が失速してしまう恐れがあります。

極端な所得格差は是正しつつ、極端な累進課税も避ける。このバランスが大切なのです。

直接税か、間接税か

税制のバランスといえば、もうひとつあります。直接税と間接税のバランスです。これを「直間比率《ちょっかんひりつ》」といいます。

直接税とは、たとえば所得税です。お金を稼いだ人が直接納める税金です。

これに対して間接税とは、税金を払う人と納める人が異なる税です。たとえば消費税が典型的です。私たちが買い物するときに消費税を払います。消費税は、お店の人が預かった上で、後でまとめて国に納めます。払った人と納める人が異なるのですね。

所得税のような直接税は、高い所得の人ほど多くの税金を納めます。「累進性」があります。

一方、消費税の場合、所得の高い人は所得の低い人の何倍も払うということはありませんね。所得の低い人ほど、所得に対する税金の割合が高くなるのです。これを「逆累進性」といいます。

社会の格差是正を考えると、直接税の比率を高くした方がいいということになります。

しかし、所得の高い人も低い人も、同じ社会に住み、社会を支える責任があるのに、所得が低いと税金を一切払わないというのは無責任ではないか、という議論も成り立ちます。

また、所得の高い人の中には、税制の仕組みをうまく利用して、納める税金を低く抑えている人もいます。あるいは、国が正確な所得を把握できない人もいます。こういう人からも平等に税金を集めるためには、消費税がふさわしいのではないか、という意見もあります。誰でも買い物をするのですから。

こうした各種の意見があるため、直間比率をどれだけにするかが大きな議論になるのです。ちなみに、これまでの日本では直接税の比率の方が高かったのですが、いまの政府は、直間比率は欧米並みの五分五分が望ましいと考えて、間接税の比率を高めようとしてきました。

税制をどうするかで、その国の人々の行動様式が変化することもあるので、税制は「国のかたち」を決める、とも言われます。

市場経済のうまい利用も

市場の失敗があるからといって、「市場経済」そのものを敵視しても、世の中はうまく動きません。敵視ではなく、「見えざる手」をうまく利用する方法もあるはずです。たとえば最近注目されているのが、「排出権取引」で温暖化防止を進めようという手法です。

地球温暖化を防止するためには、二酸化炭素など温室効果ガスの排出を減らさなければなりません。でも、「排出ガスを減らそう」と唱えるだけでは、利益を追求する企業は動きません。そこで、温室効果ガスの「排出権」を取引する、という手法が編み出されました。

工場の施設を改善して温室効果ガスを削減することができた企業は、削減した分を、他社に売ることができるようにしようという仕組みです。

日本全体として削減分を決め、各産業に削減量を割り当てます。削減できなかった企業は、その分を、割り当て以上に削減した企業から買わなければいけない、という仕組みにするのです。

こうなると、削減しないと企業の損害、割り当て以上の削減は企業の利益、ということになって、各企業は削減に一生懸命になるだろう、というわけです。

株式会社が利益を追求するという「見えざる手」の働きを、環境保護に役立てようというわけです。

「公」と「私」のバランスを

市場経済を万能視しないこと。市場経済を敵視しないこと。すべてを自己責任にしてしまわない。すべてを「お上頼み」にしない。

要はバランスなのですね。そのバランスをどうとるか。これが現代の難問なのです。人々の努力を最大限に引き出すためには、どうすればいいのか。これが、「資源の最適配分」を考える経済学の課題です。

「結果の平等」を追い求めると「社会主義」になってしまい、人々の労働意欲が失われます。結果の平等ではなく、スタート地点ではみな同じ立場という「出発点の平等」を大切にすることです。

たとえば、誰でも平等な義務教育を受けられることは大切なことです。たまたま貧しい家庭に生まれたために満足な教育が受けられない、という社会は不健康です。誰もが充実した基礎教育を受けることができた上で、その先は個々人の努力次第、という国のかたちが望ましいはずです。

出発点の平等を確保した上で、ある程度の「結果の不平等」が出ることは容認するしかないでしょう。しかし、その不平等が極端にならないように、所得の再配分が必要になるのです。

その再配分をどう設計すればいいのか。それを決めるのが、政治の力です。

そして、その政治家を選ぶのは、あなたなのです。

おわりに——買い物は「投票行動」だ

最後には政治の話になってしまいました。

自由な社会は、国民の自由な投票によって成り立っています。

同じように、自由な経済も、自由な「投票」によって成り立っているのです。

経済における自由な「投票」とは、何か。それは、私たちが「いい商品」を選んで買うことです。

私たちが、いい商品を買えば、その商品を製造・販売している会社は成長していきます。悪い商品しか作れない会社は姿を消していきます。私たちは、買い物をすることで、いい商品を製造・販売している会社に「投票」していることになるのです。

多数の票を獲得した会社は発展します。

私たちが買い物で「投票」するということは、その商品に対する「需要」が拡大することでもあります。その需要に引っ張られる形で、いい商品の供給も伸びていくことでしょう。いい商品を選ぶという自由経済での「投票」行動は、「見えざる手」を利用することでもあるのです。

この本で考えてきたように、経済学とは、「見えざる手」を見えるようにしようとする学問です。

私たちは、お金を発明したときから、「見えざる手」に悩まされてきました。翻弄《ほんろう》されてきました。経済学者でも悩まされる「見えざる手」を見ることなど、素人の私たちにはとても無理かもしれません。

しかし、いい商品・サービスを選ぶという、賢《かしこ》い消費者になって1票を行使することで、私たちは「見えざる手」が見えないまま、「見えざる手」を利用することはできるのです。

いい商品・サービスが増えれば、私たちの暮らしは豊かになるはずです。豊かな暮らしのために、あなたの清き1票を。

この本は、2008年に筑摩《ちくま》書房《しょぼう》の編集者の伊藤笑子さんの発案で『「見えざる手」

が経済を動かす』というタイトルで出版されました。その後、日本も世界も経済も大きく動いたので、改めて書き直したものを作りましょうと伊藤さんに励まされ（脅迫され？）、この形になりました。

この本を読んで、「経済学って、面白いな」と思ったら、今度はもう少し専門的な本を開いてみてください。この本を読んだ後なら、「ああ、このことか」と思う箇所がしばしば登場するはずです。

2025年1月

ジャーナリスト　池上《いけがみ》彰《あきら》

もっと知りたい人のために

この本を読んで、経済学に興味をもった人のために、いくつかのジャンルに分けて書籍を紹介しましょう。

【初級編】　経済学入門の本です。

新井明ほか『経済の考え方がわかる本』（岩波ジュニア新書、2005年）

小塩隆士《おしおたかし》『高校生のための経済学入門［新版］』（ちくま新書、2024年）

橘玲《たちばなあきら》『親子で学ぶ　どうしたらお金持ちになれるの？』（筑摩書房、2024年）

【おもしろ経済学】　経済学の考え方で世の中のことを説明しようという本です。

ロバート・H・フランク著、月沢李歌子《つきさわりかこ》訳『日常の疑問を経済学で考える』（日経ビジネス人文庫、2013年）

田内学『きみのお金は誰のため』（東洋経済新報社、2023年）
大竹文雄『行動経済学の処方箋《しょほうせん》』（中公新書、2022年）
伊藤元重《いとうもとしげ》『キーワードで読み解く経済』（NTT出版、2008年）
吉本佳生《よしもとよしお》『スタバではグランデを買え！』（ちくま文庫、2012年）

【経済学史編】　有名な経済学者についての本です。
アルフレッド・マーシャル著、伊藤宣広《いとうのぶひろ》訳『マーシャル　クールヘッド＆ウォームハート』（ミネルヴァ書房、2014年）
アダム・スミス著、山岡洋一訳『国富論《こくふろん》――国の豊かさの本質と原因についての研究』上・中・下（日経ビジネス人文庫、2023年）
伊藤宣広『ケインズ――危機の時代の実践家』（岩波新書、2023年）
白井聡《しらいさとし》『マルクス――生を呑《の》み込む資本主義』（講談社現代新書、2023年）
カール・マルクス著、今村仁司《いまむらひとし》ほか訳『資本論　第一巻』上・下（ちくま学芸文庫、2024年）

【世界の動きと世界経済】
池上彰《いけがみあきら》『そうだったのか！　現代史』（集英社文庫、２００７年）
トマ・ピケティ著、山形浩生ほか訳『21世紀の資本』（みすず書房、２０１４年）
ダロン・アセモグル、ジェイムズ・A・ロビンソン著、鬼塚忍訳『国家はなぜ衰退するのか』上・下（ハヤカワ・ノンフィクション文庫、２０１６年）

中にはだいぶ歯ごたえのある本もありますが、無理をせずに、興味のある部分から読み進めてみてください。

本書は、２００８年４月に小社から刊行された『「見えざる手」が経済を動かす』（ちくまプリマー新書）を改題し、大幅に加筆・再構成したものです。

ちくまプリマー新書481

池上彰《いけがみあきら》の経済学入門《けいざいがくにゅうもん》

二〇二五年二月十日　初版第一刷発行

著者　池上　彰（いけがみ・あきら）

装幀　クラフト・エヴィング商會

発行者　増田健史

発行所　株式会社筑摩書房
東京都台東区蔵前二－五－三　〒一一一－八七五五
電話番号　〇三－五六八七－二六〇一（代表）

印刷・製本　中央精版印刷株式会社

ISBN978-4-480-68481-3 C0233 Printed in Japan